# LA SALVACIÓN DE LA HUMANIDAD POR JESUCRISTO

## *UNA NUEVA PERSPECTIVA*

Autor

Kenny Dickerson

PRESS

*La salvación de la humanidad por Jesucristo*
*por* Kenny Dickerson

Impreso en Estados Unidos de Norteamérica

ISBN 1-59781-912-3

A menos que se indique lo contrario, todos los textos bíblicos han sido tomados de la Internet: Reina Valera 1909, del sitio http://www.intratext.com/X/ESL0021.htm., Casiodoro de Reina 1569, http://faithofgod.net/es/SEV/index.html, y Reina-Valera 1865, http://faithofgod.net/es/1865/index.html.

Traductor: John J. Correa

Xulon Press
www.XulonPress.com

Los libros Xulon Press están disponibles en todo el mundo, en librerías y en Internet, en www.XulonPress.com

# TABLA DE CONTENIDO

"Todo espíritu que confiesa que Jesucristo se encarnó,   es de Dios".

# TODO POR TI

Escucha cuidadosamente, porque en mi Palabra existen verdades preciosas que quisiera depararte. Nútrete con mis Palabras, pues ellas son luz y vida, y en ellas no hay oscuridad.

Yo soy la luz que ha venido al mundo, para que todo aquel que cree en mí no permanezca en tinieblas. Soy yo quien te ha redimido de la muerte para darte vida eterna. YO SOY EL QUE SOY, ahora y por siempre.

Yo he exaltado mi Palabra y sobre todo mi nombre—todo por ti. He establecido mi Palabra por ti; he derramado mi vida por ti. YO SOY el que te ama, el que murió por ti, el que vive para siempre por ti. De cierto te digo, nadie tiene mayor amor que este, que dé su vida por sus amigos. ¡Esto lo hice por ti!

Yo lo hice TODO por ti.

He aquí, yo estoy a la puerta de todos los corazones, esperando con paciencia a que alguien me invite a pasar. Para aquellos en quienes ya estoy morando, sigan permaneciendo en mí. No dejen que se aparten sus corazones, porque tiempos peligrosos vienen sobre la tierra. Búsquenme llenos de confianza, sabiendo que YO SOY el que los sostendrá, el que los guiará y el que los llevará a la Verdad.

Jesucristo,
Salvador del mundo

# La salvación de la humanidad por Jesucristo
## *Una nueva perspectiva*

**P**rólogo: En las Escrituras vemos muchas promesas para quienes aman a Jesucristo incondicionalmente. Mi deseo es que estas palabras de exhortación sean un paso más que el Señor de nuestra salvación use para ayudarle en su diario vivir y para que le traiga gloria y honra a Él. Amémosle como Él merece ser amado.

La iglesia contemporánea en Estados Unidos está tan enfocada en la "rectitud política secular" que se ha olvidado de la forma correcta de enseñar la Palabra de Dios, sin temor y sin compromiso. Muchos clérigos hoy en día temen que alguien se resienta o que se ofendan los que asisten a sus iglesias, y no hacen más que rociar verdades: un poquito aquí y otro allá, hasta que acaban por comprometer la Verdad. Endulzan la píldora amarga del castigo, descrito en las Escrituras, con el dulce almíbar del compromiso. Osadamente cometen el mismo error que cometió Caín en su ofrenda al Dios Todopoderoso, que está escrita en Génesis capítulo cuatro. De hecho, Caín había pensado que su ofrenda era mejor que la de Abel, por todo el esfuerzo que había hecho en la labranza de la cosecha que ofreció. El error de Caín fue que no hizo su ofrenda a la manera que Dios había dicho que se hicieran las ofrendas. Él decidió por su propia cuenta darle a Dios algo mejor de lo que Dios ya le había dado. Cuando enseñamos doctrinas distintas a las que se nos presentan en las Escrituras (con todas las consecuencias escritas que acarrea tal cosa), nos volvemos partícipes del mismo error que cometió Caín. Lo peor de todo es que los que escuchan tales mensajes salen y después hacen conforme a las palabras de nuestra boca y cometen pecados de los cuales ya somos partícipes, por la sencilla razón de que no les enseñamos **<u>únicamente</u>** lo que decía el pasaje bíblico.

Si enseñamos únicamente lo que dice el pasaje bíblico, entonces le permitimos al Espíritu Santo que haga su enseñanza en los corazones de la gente.

Satanás, el acusador de nuestros hermanos, en Apocalipsis 12:10, ha tenido más de 2.000 años para infectar a la iglesia, a nuestros seminarios y a nuestros líderes, con doctrinas falsas. El resultado inevitable es un evangelio aguado, con doctrinas diluidas, que en parte carecen de la Verdad y están rociadas de compromisos.

Es más, la estructura de la iglesia estadounidense en el año 2003 difiere muchísimo de la estructura y diseño de la iglesia descrita en el libro de los Hechos.

Testigo fiel es la Palabra:

> Juan 10:11-13 (RV) "[11] Yo soy el buen pastor: el buen pastor su vida da por las ovejas. [12] Mas el asalariado, y que no es el pastor, de quien no son propias las ovejas, ve al lobo que viene, y deja las ovejas, y huye, y el lobo las arrebata, y esparce las ovejas. [13] Así que, el asalariado, huye, porque es asalariado, y no tiene cuidado de las ovejas".

Un asalariado es alguien que ha sido contratado para trabajar y al cual se le paga un salario. El pasaje dice que cuando un asalariado "ve al lobo que viene, deja las ovejas, y huye". Hace esto porque trabaja por el pago que le van a dar, y no por cuidar de las ovejas. Al asalariado se le paga para velar por las ovejas, para alimentarlas y para protegerlas del peligro. No se le paga para que arriesgue su vida por las ovejas. En este pasaje Jesús habla de los pastores (asalariados) que velan por el rebaño. Hoy en día, muchos de nuestros pastores y sacerdotes son asalariados, y ganan más de $100,000 dólares al año como presidentes remunerados de clubes religiosos.

¿Cómo es posible que un pastor asalariado que vive en el estamento más alto de la población americana, o sea el 1%, se relacione y sea supervisor de la gran mayoría de estadounidenses y extranjeros, que por cierto tienen mucho menos rango social que él? Ellos viven en los suburbios, mas él no; sin embargo, ambos están revestidos de la misma naturaleza carnal. Es una pregunta sin respuesta; no obstante, la respuesta que da la iglesia cristiana es la misma dada por la sociedad pagana estadounidense: que no lo pueden hacer—o por lo menos no muy bien.

Es más, la iglesia en Estados Unidos se ha puesto "tibia" tal como lo había profetizado Jesucristo.

> Apocalipsis 3:15-17 (RV) "[15]Yo conozco tus obras, que ni eres frío, ni caliente. ¡Ojalá fueses frío, o caliente![16] Mas porque eres tibio, y no frío ni caliente, te vomitaré de mi boca. [17] Porque tú dices: Yo soy rico, y estoy enriquecido, y no tengo necesidad de ninguna cosa; y no sabes que tu eres un desventurado, miserable, pobre, ciego y desnudo".

Esta actitud tibia conduce a una conducta tibia y hace que los hermanos más débiles permanezcan indiferentes al mal estado del cuerpo de Cristo en Estados Unidos. Hubo un tiempo en mi vida en que me mostraba indiferente con los errores que enseñaba la iglesia. Creo que mi indiferencia y compromiso de la verdad se debían en parte a las bendiciones materiales que recibía de los negocios que hacía dentro de nuestra congregación. El Señor humilló mi conducta de compromiso, recortando mis ingresos de unos $10,000 dólares al mes, a más o menos $500 dólares al mes, y tuve que recurrir a un trabajo distribuyendo periódicos para darle de comer a mi familia. Sólo entonces, estando al borde de mi desesperación carnal, vi y comprendí cómo era posible que una marcada diferencia en riquezas materiales pudiera afectar directamente cómo se relaciona el hombre carnal con los demás.

Sinceramente yo creía poderme relacionar con todo el mundo, indiferentemente de su posición social. Lo cierto es que yo era la personificación de la ignorancia, bañándome en las aguas tibias del compromiso. Ignoraba la verdad porque estaba dispuesto a comprometer los criterios que son el fundamento de una relación genuina. No me importaba relacionarme con los hermanos que no estaban ni "calientes" ni "fríos", porque me sentía cómodo en ese ambiente. Nunca me sentí juzgado por mi conducta tibia, y aunque Jesucristo mi Señor sí juzgaba mi proceder durante todo ese tiempo, también me llamaba a entrar en el fuego de la dependencia y la consagración a Él.

Los creyentes tibios, al igual que sus congregaciones, no están dispuestos a la defensa del evangelio—más bien están dispuestos a justificar su estilo de vida. El Señor Jesucristo prefiere que estemos fríos o calientes en nuestra relación con Él, pero nunca tibios.

Sea cual sea el estado de la iglesia estadounidense contemporánea, me <u>gozaré</u>, porque Jesucristo es anunciado. Pablo hizo lo mismo en el libro de Filipenses, dándonos un ejemplo de exhortación:

Filipenses 1:14-18 (RV) "¹⁴ Y muchos de los hermanos en el Señor, tomando ánimo con mis prisiones, se atreven mucho más a hablar la palabra sin temor. ¹⁵ Y algunos, a la verdad, predican a Cristo por <u>envidia</u> y <u>porfía</u>; mas algunos también por buena voluntad. ¹⁶ Los unos anuncian a Cristo por <u>contención</u>, <u>no sinceramente</u>, pensando añadir aflicción a mis prisiones; ¹⁷ pero los otros por amor, sabiendo que soy puesto por la defensa del evangelio. ¹⁸ ¿Qué pues? Que no obstante, <u>en todas maneras</u>, o <u>por pretexto</u> o por verdad, es anunciado Cristo; y <u>en esto me gozo, y me gozaré aun</u>".

Aunque algunos predicadores del primer siglo predicaban con denuedo y enseñaban el evangelio de Jesucristo, erradamente; es decir, por contención, y envidia; porfiadamente, no sinceramente, o por pretexto, el Apóstol Pablo se alegraba "de todas maneras", porque Cristo era anunciado. Las iglesias pueden ser tan perfectas como los seres humanos caídos que las dirigen o como los que asisten a ellas. Todos debemos seguir esforzándonos para aprender a caminar más de cerca con el Señor Jesucristo.

Seguramente Pablo tuvo muchas razones para alegrarse, aun cuando veía que algunos enseñaban a Jesucristo con errores doctrinales, pero un error en particular sobresale: Donde Cristo es anunciado, hay esperanza; pero no porque un hombre esté predicando, sino porque el Espíritu Santo está enseñando.

Juan 14: 26 (RV) "²⁶ Mas el Consolador, el Espíritu Santo, al cual el Padre enviará en mi nombre, Él os enseñará todas las cosas, y os recordará todas las cosas que os he dicho".

Cuando los pastores están predicando, el Espíritu Santo nos susurra al oído el glorioso mensaje de la verdad, con su silvo apacible y delicado. De manera que hemos sido llamados a manejar correctamente nuestras doctrinas y acudir al llamado de Dios sobre nuestras vidas, recordando su promesa: que si hacemos la voluntad de Dios, somos capaces de discernir la verdad en cualquier doctrina.

Juan 7:17 (RV) "¹⁷El que quiera hacer la voluntad de Dios, conocerá si la doctrina es de Dios, o si yo hablo por mi propia cuenta".

Desgraciadamente, demasiados creyentes no quieren hacer la voluntad de Dios, especialmente si exige un cambio en sus vidas. Algunas cosas que usted está a punto de leer podrían cambiarle la vida. Contienen verdades bíblicas que quizás nunca haya oído, o que nunca haya tomado en cuenta, que tienen que ver con la *salvación de la humanidad por Jesucristo*. Le insto a que ore y que le pregunte a Dios si todas las doctrinas expresadas aquí, que están basadas en hechos verídicos, son la Verdad.

Muchas influencias apartan a los hermanos de la Verdad. Todos debemos limpiarnos con el estudio de la Palabra de Dios para poder descubrir lo que Dios, el Padre Todopoderoso, ha dispuesto para nuestras vidas; es decir, la Verdad o el compromiso con la misma.

> 2 Timoteo 2:15 (RV) "15 Procura con diligencia presentarte a Dios aprobado, como obrero que no tiene de qué avergonzarse, que usa bien la palabra de verdad. 16 Mas evita profanas y vanas palabrerías, porque conducirán más y más a la impiedad".

> 1 Corintios 2:9-10 (RV) "9 Antes, como está escrito: cosas que ojo no vio, ni oído oyó, ni han subido en corazón de hombre, son las que Dios ha preparado para aquellos que le aman. 10 Empero Dios nos lo reveló a nosotros por el Espíritu: porque el Espíritu todo lo escudriña, aun lo profundo de Dios".

Sin embargo, antes de abordar "lo profundo de Dios", permanezcamos unidos en lo que concierne a los primeros fundamentos de la fe, como la doctrina de Cristo y los temas que tienen que ver con su don perfecto y gratuito.

> Hebreos 6:1-2 (RV) "1 Por tanto, dejando ya los rudimentos de la doctrina de Cristo, vamos adelante a la perfección: no echando otra vez el fundamento del arrepentimiento de obras muertas, de la fe en Dios, 2 de la doctrina de

bautismos, de la imposición de manos, de la resurrección de los muertos y del juicio eterno".

Para poder empezar nuestro estudio con el deseo de presentarnos a Dios "aprobados como obreros que no tienen de qué avergonzarse" (2 Timoteo 2:15), examinemos seis preguntas importantes:

- [1] ¿Qué es la salvación?
- [2] ¿Cómo se recibe la salvación?
- [3] ¿Cómo sabemos si un ser querido es salvo?
- [4] ¿Podemos perder nuestra salvación? Si podemos, ¿cómo?
- [5] ¿Hay algo más que podamos hacer para poder ser salvos: (ser bautizados, buenas obras, etc.)?
- [6] ¿Existen pasajes bíblicos que nos hagan llegar a una conclusión diferente?  Y más <u>evidencias.</u>

*Kenny Dickerson*

# Capítulo 1

# El testimonio de dos creyentes

Hace algunos años, mi abuelo me pidió que oficiara sus honras fúnebres. El personaje agreste de mi abuelo a menudo se confundía con el de un gruñón, pero por dentro era un anciano amable y amoroso. Hasta ese momento nunca supe dónde había adquirido esa forma de ser y supongo que no había pensado mucho en ello. Antes, mi abuelito y yo nunca habíamos hablado abiertamente de Jesucristo. Todas las cosas que un joven cristiano quisiera tratar con una persona más sabia y experimentada nunca se habían mencionado entre nosotros. Nuestras visitas a la casa de mi abuelo solían hacerse los días feriados y consistían en juegos de naipes, discusiones sobre las pruebas y tribulaciones de los Denver Broncos, la política, y la cena. Los temas más profundos del cristianismo nunca afloraban en la conversación.

Un buen día las cosas cambiaron. Algunos miembros de la familia empezaron a preocuparse por la salvación de mi abuelito. De hecho, algunos estaban seguros de que era salvo, mientras que otros estaban seguros de que no lo era. Indistintamente de lo que pensaban, nadie sabía cómo preguntárselo. Supongo que mi abuelito intimidaba un poco a la gente con la manera en que expresaba sus opiniones. Su opinión era frecuentemente la primera, a veces la del medio, y casi siempre la última.

¿Cuál es la forma correcta de hacerle una pregunta de carácter personal a un hombre, ya entrado en años, al que debemos honrar y respetar? ¿Qué le decimos? "Y bien, abuelito, hablando de esos Denver Broncos… ¿eres salvo?

¿Crees en Jesucristo como tu Señor y Salvador personal? Todo esto me ponía muy incómodo porque mi abuelito estaba bastante enfermo y era difícil llevar una conversación con él. No quería hablarle de absolutamente nada de lo cual él no quisiera hablar, y sin embargo, el Espíritu Santo me estaba conduciendo hacia una colisión con el llamado de Dios para mi vida.

Mi abuelo padecía de insuficiencia cardíaca congestiva y había llegado al ocaso de sus días cuando él y mi abuela vinieron a mí con la idea de que oficiara sus exequias. Él estaba en su casa esperando que llegara la muerte, y no había nada más que los médicos pudieran hacer por él. El tiempo que le quedaba sobre la tierra estaba lleno de cuidados de hospicio, enfermeras y medicamentos. Parecía estar esperando con incertidumbre, a las puertas de la muerte. En vista de su grave estado de salud, algunos familiares se sentían incómodos haciéndole aquella pregunta tan difícil, y era de esperarse. ¿A quién le iban a pedir que llevara a cabo esa desagradable tarea? Pues claro, a mi mamá…

Algunos días antes de la muerte de mi abuelito, mi madre vino y se sentó conmigo para contarme un pequeño relato, y me dijo: "¡Kenny, los hijos de tu abuelo están preocupados (incluyendo a tu mamá) de que tu abuelito no sea salvo!" Me sorprendió un poco lo que dijo, y pensé: ¿y qué quieren que yo haga al respecto? Me sentía confundido y frustrado en aquel vaivén de emociones, de que los miembros de una familia cristiana se atrevieran a juzgar la salvación de un hombre. Más tarde, en mi camino, aprendí que hemos sido llamados a juzgar justamente, comparándolo todo con la Palabra de Dios, "acomodando lo espiritual (vivencias o situaciones de la vida), a lo espiritual: (La Palabra de Dios)".

1 Corintios 2:12-15 (RV) "[12]Y nosotros hemos recibido, no el espíritu del mundo, sino el Espíritu que es de Dios, para que conozcamos lo que Dios nos ha dado [libremente, liberalmente]: [13] Lo cual también hablamos, no con doctas

palabras de humana sabiduría, mas con doctrina del Espíritu [que enseña el Espíritu Santo], acomodando [comparando] lo espiritual a lo espiritual. [14] Mas el hombre animal [natural] no percibe las cosas que son del Espíritu de Dios, porque le son locura: y no las puede entender, porque se han de examinar espiritualmente. [15] Empero el espiritual juzga todas las cosas; mas el no es juzgado de nadie".

Sin embargo, en aquel entonces, en mi peregrinaje por este mundo, aborrecía la idea de que un creyente juzgara a otro creyente. No obstante, yo amo mucho a mi madre; la honro y la respeto. Después de todo, fueron sus oraciones cotidianas y su amor incondicional hicieron posible que yo tuviera una relación personal con mi Salvador Jesucristo. Así que cuando mi madre me pidió que hablara con mi abuelito, no pude negárselo, sobre todo en ese momento de desespero y preocupación. Las Escrituras me enseñaron:

Éxodo 20:12 (RV) "[12] Honra a tu padre y a tu madre, porque tus días se alarguen en la tierra que Jehová [el Señor] tu Dios te da".

Las Escrituras dicen honra a tu padre y a tu madre. ¿Por qué? Para que nuestros días se alarguen en la tierra que Dios nos ha dado. De hecho, este es el único mandamiento en Éxodo 20 que conlleva una promesa directa. Poco después, el Espíritu Santo vino sobre mí, y el mayor deseo de mi corazón no fue otro sino honrar los deseos de mi madre.

Me acuerdo que pensaba, ¿cómo es posible que mi abuelito no sea salvo, sabiendo que crió cuatro niños cristianos y sinceros, y se casó con una mujer cristiana? Por otra parte, ¿cómo era posible que fuera salvo si sus propios hijos ni sabían si era creyente o si era salvo? En la cúspide de mi confusión, mi madre me contó una historia asombrosa que mi abuelita más tarde pudo explicarme con más detalle.

Cuando mi mamá y sus hermanos fueron criados, vivían en un pequeño pueblo en la parte central de Nebraska. Este pueblito tenía una población de unas cuatrocientas personas, aproximadamente, para que se entienda bien el relato. El pueblo tenía dos iglesias, una tienda de abarrotes, una gasolinera y una tienda de licores. Los domingos por la mañana los niños se iban a una de las dos iglesias para asistir a la escuela dominical, pero mi abuelito y mi abuelita se quedaban en la casa.

Desgraciadamente los diáconos de esas iglesias fueron renuentes a que mi madre y sus hermanos asistieran a la Escuela Bíblica de Verano. Citaron "los pecados del padre" como la causa principal de lo que pensaban y no iban a permitir que mi abuelito asistiera a sus reuniones porque era dueño de la única tienda de licores del pueblo. En última instancia, sí permitieron que los niños asistieran, aunque no de muy buena gana. Supongo que les dio lástima por los niños y esperaban que el resto de la familia pudiera convertir al "pagano" de mi abuelo, presionados por la influencia que ejercían los miembros de las iglesias.

El "pagano" de mi abuelito, por razones muy obvias, odiaba a las dos iglesias y juró que jamás volvería a poner pie en ninguna de ellas. También me había dicho que nunca permitiría que lo enterrara un pastor. Parece que tenía causa justa ya que no sólo uno, sino ambos pastores—que por cierto se habían autodenominado "temerosos de Dios"—solían comprar trago en su tienda de licores. Quizás usted esté pensando, "¿y eso que tiene de malo? Hay pastores en todo el mundo que de vez en cuando se toman un vinito con la cena, o en ocasiones especiales, ¿no es cierto?". Mi abuelo no se salió de quicio porque ellos se hubieran tomado un trago; estos dos hombres le hacían poner las botellas de licor en una bolsa de papel para que se las diera en la puerta trasera de la tienda, y así no serían juzgados por la gente del pueblo al no poder verlos comprando trago. ¿Se imagina la hipocresía de esos hombres? Mi abuelo sí la veía, y esto cambió su vida para siempre, sobre todo su actitud hacia la iglesia y sus pastores.

Cuando mi madre y mi abuelo me contaron el relato, en sus propias palabras, las cosas empezaron a cobrar un poco más de sentido, y empezó a vislumbrarse el panorama entero de la vida de mi abuelito. Ya entendía por qué se sentían tan inseguros sus hijos y por qué estaban tan preocupados; después de todo, ellos presenciaron durante más de medio siglo la frustración que mi abuelo tenía con la iglesia. Finalmente, yo también llegué a entender, al menos hasta cierto punto, lo que estaba pasando por la mente de mi abuelito. Poco después, mi abuelo y yo tuvimos una conversación muy informativa que sin duda me cambió la vida.

Estábamos sentados en la sala de su casa, llevando una "conversación normal" sobre la muerte (si es que hablar de la muerte con un hombre moribundo es algo normal). Con un tono inquisitivo le pregunté a mi abuelo si le tenía miedo a la muerte. Él respondió con su genio característico: "¡Claro que no! Estarse muriendo, eso es lo que causa dolor!" Yo le seguí preguntando cómo se sentía; si le estaba surtiendo efecto la morfina; si podía sentirse las piernas, etc. En ese estado ya no tenía sentido ni en los pies. Estaban prácticamente muertos y la muerte estaba subiendo lentamente por el resto de su cuerpo.

De pronto, el Espíritu Santo me instó a que le hiciera sólo una pregunta. Le dije: "Abuelito, la familia está preocupada porque no saben si eres salvo y me han enviado para preguntártelo". Mi abuelito respondió: "¿Por qué diablos se van a preocupar por eso? Hubo una larga pausa y sentí que había cierta perturbación en su espíritu…y siguió diciendo: "Quiero decir, ¿cómo sabemos?" "¿Cómo se sabe si uno de veras es salvo?", preguntó. "Lo que quiero decir es que ninguna persona muerta ha regresado para contárnoslo… ¿cómo sabemos? En ese momento, el Espíritu Santo me trajo a la mente un pasaje bíblico para que lo compartiera con mi abuelito. Es un pasaje que nunca olvidaré:

Romanos 10:9 (RV) "⁹ Que si confesares con tu boca al Señor Jesús, y creyeres en tu corazón que Dios le levantó de los muertos, serás salvo".

¡Ahí estaba! Esa era la respuesta del Espíritu Santo para la pregunta de mi abuelito. Que si **confesaba** con su boca que Jesús es el Señor (su Señor), y **creía** en su corazón que Dios (el Padre Todopoderoso) lo había levantado de los muertos (a Jesucristo), que él **sería salvo**, y punto.

El Diccionario Encarta® World English, de la © Microsoft Corporation, define el término "**creer**" de la siguiente manera:

1. Aceptar algo que es verdadero o real.
2. Aceptar que alguien está diciendo la verdad.
3. Aceptar que alguien o algo tiene una habilidad o cualidad en particular.
4. Hacerse a la idea de que algo existe o es real, sobre todo cuando no existe ninguna prueba absoluta de su existencia o de su realidad.
5. Tener la certeza de que alguien o algo es bueno, o que será eficaz.
6. Tener la opinión de que algo es correcto o es beneficioso, y por lo general, actuar de acuerdo con esa creencia.
7. Tener una creencia religiosa.

Definición de "**confesar**":

1. Reconocer abiertamente la comisión de un mal, un crimen, o un error.

2. Reconocer la verdad acerca de algo; por ejemplo: algo que podría ser embarazoso y que podría hacer quedar mal a alguien.
3. Revelarle pecados a un sacerdote o a Dios, pidiéndole perdón.
4. Oír las confesiones del pecado de alguien.
5. Declarar que se tiene fe o creencia en algo o en alguien (arcaico).

Vuelva a leer la definición de la palabra "creer" en el diccionario World English, edición de 1999. Ahora veamos cómo la misma palabra se define en Estados Unidos, en el Diccionario Americano del Inglés, edición de 1828, por Noah Webster:

**"Creer"**: 1.Acreditar la autoridad o el testimonio de otra persona; estar persuadido de la veracidad de algo sobre la declaración de otro u otra, o en base a la evidencia dada en razonamientos, argumentos, deducciones mentales, y otras circunstancias aparte de la experiencia personal. Cuando creemos en la autoridad de otro u otra, siempre confiamos en su veracidad. Cuando creemos en al autoridad de los razonamientos, argumentos, o en la concurrencia de hechos y circunstancias, basamos nuestras conclusiones en el peso que tengan o su probabilidad, y si concuerdan o no con nuestras propias experiencias y conclusiones.

2. Anticipar o esperar con confianza; confiar. "Hubiera yo desmayado, si no creyese que tengo de ver la bondad de Jehová en la tierra de los vivientes" Salmo xxvii.

**Creer:** Tener una fuerte persuasión sobre cualquier cosa. En algunos casos, es una persuasión absoluta que llega a ser casi una certeza; cuando se trata de los demás, presupone más dudas. A menudo es seguido por, o basado en las Escrituras. Creer en, significa tener algo o alguien como objeto de fe. "Creéis en Dios, creed también en mí" Juan xiv. Creer en algo es confiar y poner toda confianza, y descansar en algo o alguien con fe. "…a todos los que le recibieron, dióles potestad de ser hechos hijos de Dios, a los que creen en su nombre" Juan i.

El diccionario de 1828 añade al termino "creer" su uso teológico y su uso en el lenguaje popular y cotidiano. ¡Dios mío, cómo han cambiado los tiempos!

¿Será que los cambios de los últimos 175 años en Estados Unidos han alejado al país de Dios, en vez de acercarlo a Él? Es casi inconcebible que hace tan solo 175 años lo que definía los fundamentos de la vida en Estados Unidos era lo que decía la Biblia, y no lo que dicen las filosofías paganas y la rectitud política. Al repasar algunas definiciones del diccionario, entre los años 1828 y 1999, parece que los norteamericanos se hubieran vuelto tan inteligentes que ya no necesitaran de Dios para que les defina las cosas de la vida. Sin embargo, solamente las Escrituras son veraces e inmutables.

## Volvamos al relato

Lo único que tenía que hacer mi abuelito era: [1.] Creer que Jesús es el Señor, y [2.] confesarle esa creencia a alguien—para ser salvo. Es un proceso muy sencillo, ¡de dos partes! Las Escrituras continúan diciendo:

> Romanos 10:10-13 (RV) "[10]Porque con el corazón se cree para justicia; mas con la boca se hace confesión para salvación. [11]Porque la Escritura dice: Todo aquel que en Él creyere, no será avergonzado.[12]Porque no hay diferencia de judío y de griego: porque el mismo que es Señor de todos, rico es para con todos los que le invocan: [13]Porque todo aquel que invocare el nombre del Señor, será salvo".

Después de hablarle esas palabras a mi abuelito, él se viró hacia mí y me confesó que sí creía. Mi abuelito era salvo, definitivamente; ¡loado sea el Señor! ¿Cómo sabemos que era salvo? Porque **confesó** con su boca y **creyó** en su corazón que Jesucristo es el Señor y que Dios lo resucitó de los muertos. Las Escrituras no nos dejan otras condiciones para la salvación. A partir de ese momento supe que mi abuelito estaría muy pronto en la presencia de nuestro amantísimo Señor, nuestro Dios y nuestro Salvador, Jesucristo. Por fin estaba seguro de su salvación—al ciento por ciento—y no aguantaba las ganas de contarles las buenas nuevas a los demás.

Aquí tenemos un par de pasajes bíblicos afines, que tienen que ver con lo que podemos confesar y lo que no podemos confesar, si el Espíritu de Dios mora en nosotros:

> Juan 11:25-27 (RV) "²⁵ Dícele Jesús: Yo soy la resurrección y la vida: el que cree en mí, aunque esté muerto, vivirá.
>
> ²⁶ Y todo aquel que vive y cree en mí, no [nunca] morirá eternamente. ¿Crees esto? ²⁷ Dícele: Sí Señor; yo he creído que tú eres el Cristo, el Hijo de Dios, que has venido al mundo".

Esta mujer, al igual que mi abuelito, fue salva porque creyó y confesó que Jesucristo es su Señor.

> 1 Corintios 12:3 (RV) "³ Por tanto os hago saber, que nadie que hable por Espíritu de Dios, llama anatema [maldito] a Jesús; y nadie puede [decir que] Jesús, [es el] Señor, sino por el Espíritu Santo".

Una persona no puede decir que Jesús es el Señor, sino por medio del Espíritu Santo. El Espíritu Santo solamente está con los creyentes. Además, un hombre o una mujer no pueden decir que Jesús es anatema, o maldito. Si un hombre o una mujer tienen al Espíritu Santo morando en ellos, ¡no pueden decir "Jesucristo es maldito", y creerlo de veras!

La salvación es un don gratuito y perfecto de parte de Dios Padre Todopoderoso, gracias a la muerte de su Hijo Jesucristo en la cruz. Cualquier requerimiento de nuestra parte rebajaría lo que Jesucristo hizo al morir en la cruz por la humanidad. Las Escrituras añaden:

> Santiago 1:17 (RV) "¹⁷ Toda buena dádiva y todo don perfecto (la salvación entre otras cosas) es de lo alto, que desciende del Padre de las luces, en el cual no hay mudanza, ni sombra de variación".

Yo diría que Jesucristo es la mejor dádiva de todos los tiempos. Él es una buena dádiva y un don perfecto.

## EL TESTIMONIO DE SALVACIÓN DE KENNY

En 1976, durante las vacaciones del Domingo de Resurrección, (que se denominan Easter, en la sociedad pagana estadounidense, ya que Eostre era la diosa pagana de la fertilidad), mi familia se fue a Meza, Arizona, a visitar a mis abuelos paternos.

Según el Diccionario Americano del Inglés, de Noah Webster, edición 1828, la palabra **Easter** (que así se dice Pascua en Estados Unidos), se define de la siguiente manera: "Proviene de *Eostre,* la diosa del amor o la Venus del Norte, para la cual nuestros ancestros paganos celebraban un festival, en abril; de ahí que este mes se denominara *Eostermonath. Eostre,* se considera por un autor llamado Beda y otros, como la Astarte de los sidonios.

Es el festival de la iglesia cristiana que se celebra para conmemorar la resurrección de nuestro Salvador. Corresponde al Paschá o a la Pascua de los hebreos, y en muchos países todavía se le da el nombre de: Pascha, Pask, o Paque.

La Iglesia Católica Romana le dio comienzo a la tradición de "Easter" en la iglesia, como respuesta a la celebración pagana de *Eostre*. Debemos preguntarnos: ¿Desde cuándo ha querido Dios que tomemos las costumbres paganas y las convirtamos en costumbres cristianas? Lo mismo hemos hecho con la Navidad. Ver Jeremías capítulo 10.

El Domingo de Resurrección era un día importante para mi madre, y lo que estaba a punto de suceder cambiaría la vida de mi familia entera por toda la eternidad.

En ese entonces, yo era estudiante de segundo año en **Columbine High School, en Littleton, Colorado**, y me sentía muy desdichado. Mi autoestima estaba por los suelos; no me gustaba mi familia, no me gustaba el colegio, ni mis compañeros de clase, ni mis maestros, y sobre todo no sentía ningún interés por Dios.

Pensaba, "¿cómo es posible que un Dios verdadero permita que mi vida sea tan miserable?". Recordando aquellos tiempos, puedo ver que yo era un mocoso engreído y mimado, que no sabía lo que estaba pasando, aunque contaba con todos los bienes materiales que un joven pudiera desear. Hasta el día de hoy me pregunto con asombro, ¿cómo pudieron mis padres tolerar a un adolescente tan egoísta? (Tome nota de las veces que empleo el término "yo" en el siguiente párrafo. Éstos le darán al lector una idea de dónde tenía concentrada toda mi atención— ¡en mí mismo!).

Yo no confiaba en nadie, con la excepción de mis padres en quienes confiaba a ratos. A veces sentía que mi madre estaba a mi lado, y sabía que mi padre estaría disponible sólo cuando las cosas se pusieran muy difíciles. En esa etapa de mi vida, había dejado de practicar los deportes de equipo que tanto amaba: el fútbol americano, el béisbol, y el básquetbol. Había decidido en mi mente orgullosa que no iba confiar en los miembros de mi equipo para llegar a donde yo quería llegar, y me cambié al tenis y a la lucha libre para poder "controlar mi destino". Al igual que los faraones de Egipto, yo estaba al mando y al comando de las cosas, o por lo menos eso pensaba.

Recuerdo muy poco lo que pasó en esas vacaciones, sólo que no quería estar allí. Sin embargo, Dios tenía otra agenda. Mi abuelo y mi abuela vivían en una pequeña comunidad para la gente jubilada llamada *Sun Lakes*, en Arizona. Había una pequeña capilla dentro de aquella comunidad con portal de entrada, a la cual asistimos para el culto del Domingo de Resurrección. No recuerdo mucho acerca del culto, pero si me acuerdo que el pastor era de esos "maníacos" que predicaban sobre el "infierno, las llamas y el azufre", o al menos esa era la impresión parcial que tenía de él. Al finalizar el culto, el pastor presentó a los visitantes que no eran de aquella comunidad, y les dijo: "Si ustedes están de visita y son de otra parte, quisiera hacerles una pregunta: Si el avión en que van a viajar mañana se estrellara, ¿a dónde irían? ¿Irían al cielo a estar con Jesús, o al infierno a estar con Satanás? ¿Están seguros"?

Al poco tiempo, el pastor hizo un llamamiento invitando a todos los que no estaban seguros a dónde irían a que pasaran al frente, al altar, y le pidieran a Jesucristo que entrara en sus vidas. Algunas personas pasaron, y ahí fue cuando las cosas empezaron a ponerse un poco raras.

Yo sentí un jalón tan fuerte en mi cuerpo, que pensé que alguien o algo me estaban jalando físicamente para sacarme del banco donde estaba sentado. Yo resistí, protegiendo mi orgullo, y no pasé al frente. Poco después nos metimos al carro de golf y nos fuimos para la casa.

Después de la iglesia, a la hora del "brunch" (primera comida del día a la hora del almuerzo), casi siempre hablábamos sobre el culto y el sermón; sin embargo, esta vez sería muy distinto. Mi abuela nos preguntó a todos lo que habíamos pensado del culto y del pastor, etc. Yo fui el primero en responder…Le conté a la familia lo que me había sucedido y cómo había sentido que me jalaban para sacarme del banco; les dije que había tenido un deseo increíble de acudir al llamado y pasar al altar. Como podrán imaginarse, mi abuela, que es evangélica, comenzó a entusiasmarse.

Poco después de contarles mi experiencia, mi papá se sumó a la conversación, y dijo: "tan raro, yo sentí exactamente lo mismo". Algunos momentos después, mi hermano menor exclamó: "¡yo también!". Todos nos miramos con asombro. Esa era la pausa que mi abuelita necesitaba; agarró el teléfono, llamó al pastor y le dijo que se quedara ahí donde estaba porque íbamos a regresar, y que él tenía trabajo que hacer. Ella nos volvió a montar en el carro de golf, y para la iglesia nos fuimos.

Cuando llegamos a la iglesia, el pastor nos habló a todos juntos por unos breves instantes. Nos arrodillamos, y todos tres nos arrepentimos de nuestros pecados y le pedimos a Jesucristo que nos perdonara. ¿Qué tal eso? ¡Tres milagros en uno! Mi abuela no fue la única que se sintió más tranquila; ¿se imagina usted cómo era la vida para mi mamá, con tres varones inconversos y soberbios, repletos de testosterona, a quienes además tenía que cuidar y amar diariamente?

Sólo por la gracia de Dios ella pudo encontrar el aguante para lidiar con tanto orgullo bajo un sólo techo. Recuerdo que una noche encontré a mi madre orando antes de que se acostara y me atreví a preguntarle por qué lo hacía, y ella me dijo que acostumbraba hacerlo todos los días. Yo me gasté los siguientes treinta minutos tratando de convencerla de que no era cierto lo que me decía porque ninguna persona puede orar todos los días. Cuando recuerdo aquellos momentos de mi vida, alabo a Dios porque no me arrebató al instante, y me pregunto por qué habrá permitido que viviera en mí esa "arrogancia tan ignorante". Supongo que las oraciones de mi madre realmente surtieron efecto, y estoy seguro que poco más de unas cuantas oraciones fueron elevadas por mí.

# Capítulo 2

# Definición de la Salvación

## ¿Qué es la salvación?

El Diccionario Ilustrado Nelson define el término salvación, así: "**liberación** del poder del **pecado; redención**".

El **pecado** es: "ingobernabilidad, o trasgresión de la voluntad de Dios, ya sea por omisión o incumplimiento de lo que requiere la ley de Dios, o por hacer lo que la ley de Dios prohíbe".

1 Juan 3:4 (RV) "⁴Cualquiera que comete pecado, traspasa también la ley; pues el pecado es trasgresión de la ley".

La trasgresión puede ser de pensamiento, (e.g. cosas que pensamos, como el odio, el enojo sin causa, la malicia, etc.).

1 Juan 3:15 (RV) "¹⁵ Cualquiera que aborrece a su hermano, es homicida; y sabéis que ningún homicida tiene vida eterna permanente en él".

Mateo 5:27-28 (RV) "²⁷ Oísteis que fue dicho [por aquellos en tiempos antiguos]: No cometerás adulterio: ²⁸ Mas yo os digo, que cualquiera que mira a una mujer para codiciarla, ya adulteró con ella en su corazón".

La trasgresión puede ocurrir en nuestras **palabras** (e.g. las cosas que decimos).

Mateo 5:22 (RV) "²²Mas yo os digo, que cualquiera que se enoje contra su hermano, será culpable de juicio; y cualquiera que diga: Necio, a su hermano, será culpable ante el concilio; y cualquiera que le diga: Fatuo, quedará expuesto al infierno de fuego".

Raca significa: que carece de contenido, tonto; e.g. un hombre insensato y tonto.

Era un término despectivo que se usaba entre los judíos en tiempos de Cristo.

La trasgresión puede ocurrir en nuestras **obras** (e.g. las cosas que hacemos, nuestras acciones).

Romanos 1:32 (RV) "[32] Que habiendo entendido el juicio de Dios que los que hacen tales cosas son dignos de muerte, no sólo las hacen, más aún, consienten a los que las hacen".

La trasgresión puede ocurrir en nuestra **motivación** (e.g. los móviles detrás de nuestras acciones).

1 Crónicas 28:9 (RV) "[9] Y tú, Salomón, hijo mío, conoce al Dios de tu padre, y sírvele con corazón perfecto, y con ánimo [corazón] voluntario; porque JEHOVÁ [el Señor] escudriña los corazones de todos, y entiende toda imaginación de los pensamientos. Si tú le buscares, lo hallarás; mas si lo dejares, él te desechará para siempre".

Para demostrar nuevamente lo mucho que Estados Unidos se ha apartado de su trayectoria espiritual, observemos las definiciones de las palabras: "Salvación", "Salvador", "Pecado" y "Redención", que encontramos en la historia de Estados Unidos, usando el Diccionario Inglés de Noah Webster, de 1828.

**Salvación** "1. El acto de salvar; proteger de la destrucción, del peligro o de las grandes calamidades. 2. En la teología, apropiadamente se denomina: redención de la humanidad de la esclavitud del pecado y del peligro de la muerte eterna, confiriéndole a Él, gozo eterno. Esta es *la Gran Salvación.* 3. Ser librado de sus enemigos; victoria. Éxodo xiv. El autor de la salvación del hombre. Salmo xxvii. 6. Un término de alabanza o bendición. Apocalipsis xix".

**Salvador** "Uno que salva o que protege; no obstante, se aplica apropiadamente, y en forma exclusiva, a Jesucristo, el Redentor, quien ha abierto el camino a la salvación eterna por su obediencia y su muerte, y quien por ende es llamado *El Salvador,* distinguiéndose como el *Salvador* de la humanidad, y el
*Salvador* del mundo. A George Washington se le podría llamar "el que salva", pero nunca *el salvador* del país.

**Pecado** "1. La desviación voluntaria de un agente moral al transgredir una regla establecida de rectitud o deber, prescrita por Dios; cualquier transgresión voluntaria de la ley divina, o violación de un mandamiento divino; un acto malvado; iniquidad. El *pecado* puede ser un acto deliberado por el cual una ley divina consabida, es quebrantada; o el acto voluntario y negligente de desobedecer un mandamiento divino, directo, o una norma implícita en el mismo. El pecado comprende no solamente las acciones, sino también la negligencia de los deberes establecidos: todos los malos pensamientos, las malas intenciones, palabras, deseos, o cualquier cosa contraria a los mandamientos y a la ley de Dios. 1 Juan iii. Mateo xv. Santiago iv.

"Los pecadores no disfrutan ni de los placeres del pecado, ni de la paz de la piedad". Rob Hall.

Entre teólogos, el pecado puede ser *original* o *actual.* El pecado *actual,* que acabamos de definir, es el acto que comete un agente moral al infringir una regla del deber previamente establecida. Generalmente se entiende por *pecado original,* una depravación natural del corazón ante la voluntad divina. Aquella corrupción de la naturaleza o deterioro del carácter moral del hombre, que suponemos es el resultado directo de la apostasía de

33

Adán, y que se manifiesta en los agentes morales con actos deliberados de desobediencia contra la voluntad divina.

También por negligencia voluntaria de acatar los mandamientos explícitos de Dios, que exigen que le amemos con todo el corazón, alma, fuerza y mente, y a nuestro prójimo como a nosotros mismos. Esta depravación natural o distanciamiento del afecto de Dios y de su ley se entiende que es lo que el apóstol denomina la *mente* o *mentalidad carnal*, que constituye una enemistad contra Dios, y por consiguiente, se denomina *pecado* o *pecaminosidad.*

1. *El pecado imperdonable*, o blasfemia contra el Espíritu Santo, se cree que es el rechazo obstinado y malicioso de Jesucristo y del plan de salvación expuesto en el evangelio, o una resistencia contumaz ante las influencias y las convicciones del Espíritu Santo. Mateo xii.

2. Una *expiación por el pecado*: Ofrenda hecha para satisfacer la paga del pecado. Al que no conoció pecado, hizo pecado por nosotros, para que nosotros fuésemos hechos justicia de Dios en Él. 2 Coríntios v.

3. Un hombre enormemente malvado. Shakespeare. "El *pecado* se distingue de un *crimen*, no por la naturaleza del mismo, sino por la forma en que se aplican. Aquello que se considera un *crimen* contra la sociedad, ha de considerarse un *pecado* contra Dios".

¿No es asombroso saber cuánto era citada la Biblia en las definiciones del diccionario de 1828? ¿Se puede imaginar a un profesor hoy en día sacando citas de un diccionario para definir una palabra, con esta cantidad de referencias a Jesucristo y a los libros de la Santa Biblia, sobre todo a la luz de la autoridad que tales definiciones le confieren a Dios?

Para estudiar más a fondo las consecuencias del pecado en nuestras vidas, veamos lo diciente que es la confesión del Rey David ante su propio pecado con Betsabé y el asesinato de su marido:

Salmo 51:1-11 (RV) <<Salmo de David, cuando después que entró a Betsabé, vino a él Nathán el profeta>>.
"[1] TEN piedad de mí, oh Dios, conforme a tu misericordia: Conforme a la multitud de tus piedades borra mis rebeliones.

[2] Lávame más y más de mi maldad, Y límpiame de mi pecado. [3] Porque yo reconozco mis rebeliones; Y mi pecado está siempre delante de mí. [4] [Contra] ti, [contra] ti solo he pecado, Y he hecho lo malo delante de tus ojos: Porque seas reconocido justo en tu palabra, Y tenido por puro en tu juicio. [5] He aquí, en maldad he sido formado, Y en pecado me concibió mi madre. [6] He aquí, tú amas la verdad en lo íntimo: Y en lo secreto me has hecho comprender sabiduría. [7] Purifícame con hisopo, y será limpio: Lávame, y seré emblanquecido más que la nieve. [8] Hazme oír gozo y alegría; Y se recrearán los huesos que has abatido. [9] Esconde tu rostro de mis pecados, Y borra todas mis maldades. [10] Crea en mí, oh Dios, un corazón limpio; Y renueva un espíritu recto dentro de mí. [11] No me eches de delante de ti; Y no quites de mí tu Santo Espíritu".

David reconoció que sus pecados habían sido contra Dios, y sólo contra Él. Si entendiéramos que fuimos creados para vivir y demostrar al mundo el verdadero carácter de Dios: su amor, su gracia, su misericordia, su santidad, etc., entonces podríamos ver nuestros pecados como el Rey David vio los suyos. David ciertamente conocía la voluntad de Dios para su vida, aun cuando no estaba a la altura de los criterios de Dios.

La humanidad fue creada sin pecado, moralmente recta y con una propensión a hacer lo "bueno":

> Eclesiastés 7:29 (RV) "²⁹ He aquí, solamente he hallado esto: que Dios hizo al hombre recto, mas ellos buscaron muchas cuentas [o invenciones]".

Sin embargo, el pecado entró a la existencia humana cuando Adán y Eva desobedecieron el mandamiento directo de Dios, al comer del fruto prohibido que estaba en medio del Huerto del Edén.

> Génesis 3:6 (RV) "⁶Y vio la mujer que el árbol era bueno para    comer, y que era agradable a los ojos, y árbol codiciable para alcanzar la sabiduría; y tomó de su fruto, y comió; y dio también a su marido, el cual comió así como ella".

Como Adán era cabeza y representante de la raza humana, su pecado afectó a todas las generaciones futuras.

> Romanos 5:12-18 (RV) "¹² De consiguiente, vino la reconciliación por uno, así como el pecado entró en el mundo por un hombre, y por el pecado la muerte, y la muerte así pasó a todos los hombres, pues que todos pecaron. ¹³Porque hasta la ley, el pecado estaba en el mundo; pero no se imputa pecado no habiendo ley. ¹⁴ No obstante, reinó la muerte desde Adán hasta Moisés, aun en los que no pecaron a la manera de la rebelión de Adán; el cual es figura del que había de venir. ¹⁵ Mas no como el delito, tal fué el don: porque si por el delito de aquel uno murieron los muchos, mucho más abundó la gracia de Dios a los muchos, y el don por la gracia de un hombre, Jesucristo.¹⁶ Ni tampoco de la manera que por un pecado, así también el don: porque el juicio a la verdad vino de un

pecado para condenación, mas la gracia vino de muchos delitos para justificación.[17] Porque, si por un delito reinó la muerte por uno, mucho más reinarán en vida por un Jesucristo los que reciben la abundancia de gracia, y del don de la justicia".

[18]Así que, de la manera que por un delito vino la culpa a todos los hombres para condenación, así por una justicia vino la gracia a todos los hombres para justificación de vida".

Ninguna persona está libre de pecado; ningún hombre es justo y no deberíamos ni pensar en tales tonterías, porque la Biblia dice:

Romanos 3:23-25, 28 (RV) "[23] Por cuanto todos pecaron, y están destituidos de la gloria de Dios; [24] Siendo justificados gratuitamente (sin ningún costo de nuestra parte) por su gracia por la redención que es en Cristo Jesús; [25] Al cual Dios ha propuesto en propiciación (por el propiciatorio) por la fe en su sangre, para manifestación (demostración) de su justicia, atento a haber pasado por alto (remitido) , en su paciencia, los pecados pasados. [28]Así que concluimos que el hombre es justificado (declarado justo) por fe sin las obras de la ley".

Eclesiastés 7:20 (RV) "[20] Ciertamente no hay hombre justo en la tierra, que haga bien y nunca [no] peque".

1 Juan 1:9 (RV) "[8] Si dijéremos que no tenemos pecado, nos engañamos a nosotros mismos, y no hay verdad en nosotros".

Después de la caída de la raza humana, todos los que nacieron posteriormente, nacieron en pecado (Romanos 3:23). No tenemos otra alternativa; sin embargo, sí tenemos la opción de hacer algo con nuestra naturaleza pecaminosa. Podemos asirnos de la redención que nos ofrece el Creador del universo, Jesucristo. No solamente es Jesucristo el Creador de todo lo que sabemos, Él lo sostiene todo: el mundo, el universo—todo.

> Génesis 1:1 (RV) "[1] EN el principio creó Dios los cielos y la tierra".

> Juan 1:1-3 (RV) "[1] EN el principio era el Verbo[La Palabra], y el Verbo [La Palabra] era con Dios, y el Verbo [La Palabra] era Dios.[2] Este era en el principio con Dios.[3] Todas las cosas por Él fueron hechas; y sin Él nada de lo que es hecho, fué hecho".

Jesucristo es la Palabra de Dios escrita, que en griego se denomina "Logos". Todas las cosas por Él fueron hechas, y solamente en Él tenemos redención.

> Colosenses 1:13-17 (RV) "[13] Que nos ha librado de la potestad de las tinieblas, y trasladado al reino de su amado Hijo; [14] En el cual tenemos redención por su sangre, la remisión de pecados: [15] El cual es la imagen del Dios invisible, el primogénito de toda criatura. [16] Porque por Él fueron creadas todas las cosas que están en los cielos, y que están en la tierra, visibles e invisibles; sean tronos, sean dominios, sean principados, sean potestades; todo fué creado por Él y para Él.[17] Y Él es antes de todas las cosas, y por Él todas las cosas subsisten".

> Efesios 3:9 (RV) "[9] Y de aclarar a todos cuál sea la dispensación del misterio escondido desde los siglos en Dios, que creó todas las cosas (por medio de Jesucristo)".

Hebreos 1:2 (RV) "En estos postreros días nos ha hablado por su Hijo, al cual constituyó heredero de todo, por el cual asimismo hizo el universo".

Dios, el Padre Todopoderoso que está en el Cielo, verdaderamente nos ama a todos. Nos ama tanto, que ha dado a su Hijo unigénito por nosotros:

Juan 3:16-18 (RV) "[16] Porque de tal manera amó Dios al mundo, que ha dado a su Hijo unigénito, para que todo aquel que en Él cree, no se pierda, mas tenga vida eterna. [17] Porque no envió Dios a su Hijo al mundo, para que condene al mundo, mas para que el mundo sea salvo (redimido, librado) por Él. [18] El que en Él cree, no es condenado; mas el que no cree, ya es condenado, porque no creyó en el nombre del unigénito Hijo de Dios".

**Redención** significa "ser librado por la paga de un precio", según el Diccionario Bíblico Ilustrado, Nelson.

Jesucristo pagó el precio del pecado de todos cuando Él se entregó por su cuenta, a morir en la cruz por nuestra redención. Él nos rescató por precio—su sangre en la cruz.

1 Pedro 1:18-19 (RV) "[18] Sabiendo que habéis sido rescatados de vuestra vana conversación, la cual recibisteis de vuestros padres, no con cosas corruptibles, como oro y plata; [19] Sino con la sangre preciosa de Cristo, como de un cordero sin mancha y sin contaminación".

Ya no nos pertenecemos a nosotros mismos; ahora somos sus siervos, por voluntad propia y por su gracia. Somos una posesión adquirida y le pertenecemos a Jesucristo. Aunque, por su gracia todavía tenemos libertad para tomar decisiones, tanto

Hechos 20:28 (RV) "²⁸ Por tanto mirad por vosotros y por todo el rebaño en que el Espíritu Santo os ha puesto por obispos, para apacentar la iglesia del Señor, la cual ganó por su [propia] sangre".

Efesios 1:12-14 (RV) "¹² Para que seamos para alabanza de su gloria, nosotros que antes esperamos en Cristo.
¹³ En el cual esperasteis también vosotros en oyendo la palabra de verdad, el evangelio de vuestra salud [o salvación]: en el cual también desde que creísteis, fuisteis sellados con el Espíritu Santo de la promesa, ¹⁴ Que es las arras de nuestra herencia, para la redención de la posesión adquirida para alabanza de su gloria".

1Corintios 6:19-20 (RV) "¹⁹ ¿O ignoráis que vuestro cuerpo es templo del Espíritu Santo, el cual está en vosotros, el cual tenéis de Dios, y que no sois vuestros?
²⁰ Porque comprados sois por precio: glorificad pues a Dios en vuestro cuerpo y en vuestro espíritu, los cuales son de Dios".

Miremos por última vez el compromiso y la ignorancia que hoy día existen en algunas iglesias estadounidenses, al analizar la palabra "redención", cuya definición histórica está registrada en el Diccionario Americano del Inglés, de Noah Webster, edición de 1828:

"**Redención** 1. Recompra de bienes capturados, o prisioneros; el acto de procurar la liberación de personas o cosas, de la posesión y el poder de sus apresadores por medio de un pago equivalente; rescate; puesta en libertad; como la redención de prisioneros de guerra; la redención del cargamento de un barco. 2. Liberación de la esclavitud, del peligro, o de de tener que acatar equivalente; rescate; puesta en libertad; como la redención de prisioneros de guerra; la redención del cargamento de un barco. 2. Liberación de la esclavitud, del peligro, o de de tener que acatar algún decomiso injusto, ya sea de dinero, laboral, u otra cosa. 3. Readquisición de terrenos transferidos. Levítico xxv. Jeremías xxxiii. 4. Redimir un inmueble de su hipoteca; o la compra del derecho de reanudar la hipoteca pagando la suma principal por la cual se hipotecó el inmueble, con interés y valor; también se dice del derecho a redimir o entrar de nuevo en un acuerdo.

5. Recompra de una nota, billete u otra prueba de deuda al pagar su precio en moneda sonante a sus portadores.

6. <u>En teología, la adquisición del favor de Dios por medio de la muerte y los sufrimientos de Jesucristo; el rescate y la liberación de los pecadores de la esclavitud del pecado y del castigo por el incumplimiento de la Ley de Dios, por medio de la expiación de Jesucristo</u>".

Si se siente atraído a Dios en estos momentos, haga esto: acepte su don gratuito y perfecto; no espere un minuto más, ni lea una página más hasta no haberlo hecho.

Si no actúa ahora mismo, quizás nunca volverá a tener otra oportunidad. El Espíritu Santo nos dice...

"Ninguno puede venir a mí, si el Padre que me envió no le trajere; y yo le resucitaré en el día postrero" Juan 6:44 (RV).

Si siente que Dios Padre lo está atrayendo a su Hijo Jesucristo, por favor no pierda un instante más. Incline su rostro en oración, o levante sus manos, y pídale a Jesucristo que perdone sus pecados; dígale que usted cree que Él es el Señor, y confiésele que Dios lo levantó de los muertos. Usted nunca volverá a ser el mismo de antes; será transformado por toda la eternidad. Es el don de Dios, así nadie podrá jactarse de su propia bondad.

Efesios 2:8,9 (RV) "[8] Porque por gracia sois salvos por la fe; y esto no de vosotros, pues es don de Dios: [9] No por obras, para que nadie se gloríe".

# Capítulo 3

# La salvación recibida

## ¿Cómo se recibe la salvación?

Simplemente PÍDASELA a su Creador.

> Mateo 7:7-8 (RV) "⁷ Pedid, y se os dará; buscad, y
> hallaréis; llamad, y se os abrirá. ⁸ Porque cualquiera que
> pide, recibe; y el que busca, halla; y al que llama, se abrirá".

Sólo pídale a Dios que lo salve; búsquelo y llame a su
puerta. Al hacerlo, Él le dará la salvación. Usted encontrará no
sólo su salvación en Él, sino también la verdad en Él, y el portal
que lo llevará a su apogeo espiritual. Se le abrirán las puertas
para que pueda entrar en el reposo de Dios. Su Palabra es su
promesa. Es así de sencillo: Su don perfecto y gratuito no tiene
más condiciones que creer en Dios, y confesarle esa creencia a Él
y a los demás.

¡Jesucristo es todo para nosotros! El solo hecho de
confesar resulta en nuestro perdón y en nuestra purificación:

> 1 Juan 1:9-10 (RV) "⁹Si confesamos nuestros pecados, Él
> es fiel y justo para que nos perdone nuestros pecados, y
> nos limpie de toda maldad. ¹⁰ Si dijéremos que no hemos
> pecado, lo hacemos a Él mentiroso, y su palabra no está
> en nosotros".

> Hechos 16:29-31 (RV) "²⁹Él entonces pidiendo luz, entró
> dentro, y temblando, derribóse a los pies de Pablo y de
> Silas; ³⁰ Y sacándolos fuera, le dice: Señores, ¿qué es
> menester que yo haga para ser salvo?

---

<sup>31</sup> Y ellos dijeron: <u>Cree</u> en el Señor Jesucristo, y serás salvo tú, y tu casa".

La voluntad de Dios es <u>que todos los hombres sean salvos, y que vengan al conocimiento de la verdad.</u>

1 Timoteo 2:3-6 (RV) "<sup>3</sup> Porque esto es bueno y agradable delante de Dios nuestro Salvador; <sup>4</sup> El cual quiere que todos los hombres sean salvos, y que vengan al conocimiento de la verdad. Porque hay un Dios, asimismo un mediador entre Dios y los hombres, Jesucristo hombre; <sup>6</sup> El cual se dio a sí mismo en precio del rescate por todos, para testimonio en sus tiempos [a su debido tiempo]".

Sin embargo, lo que sucede en realidad, es que muchos de nosotros estamos viviendo impíamente, y por consiguiente, <u>siempre estamos aprendiendo y nunca acabamos de llegar al conocimiento de la verdad.</u> 2 Timoteo 3:1-8 nos da un indicio de que muy probablemente estemos viviendo en los últimos días de los tiempos postreros.

2 Timoteo 3:1-8 (RV) "ESTO también sepas, que en los postreros días vendrán tiempos peligrosos: <sup>2</sup> Que habrá hombres <u>amadores de sí mismos, avaros, vanagloriosos, soberbios, detractores, desobedientes a los padres, ingratos, sin santidad,</u> <sup>3</sup> <u>Sin afecto, desleales, calumniadores, destemplados, crueles, aborrecedores de lo bueno,</u> <sup>4</sup> <u>Traidores, arrebatados, hinchados, amadores de los deleites más que de Dios;</u> <sup>5</sup> <u>Teniendo apariencia de piedad, mas habiendo negado la eficacia de ella: y a éstos evita.</u> <sup>6</sup> Porque de éstos son los que se entran por las casas, y llevan cautivas las mujercillas cargadas de pecados, llevadas de diversas concupiscencias; <sup>7</sup> Que

siempre aprenden, y nunca pueden acabar de llegar al conocimiento de la verdad.

[8] Y de la manera que Jannes y Jambres resistieron a Moisés, así también éstos resisten a la verdad; hombres corruptos de entendimiento, réprobos acerca de la fe".

Las verdades espirituales y el conocimiento de cualquier doctrina están abiertos y disponibles para nosotros, SI...

"El que quisiere hacer su voluntad, conocerá de la doctrina si viene de Dios, o si yo hablo de mí mismo" Juan 7:17 (RV).

Si usted ya es salvo, y encuentra que "siempre está aprendiendo pero nunca acaba de llegar al conocimiento de la verdad", con toda sinceridad hágase la siguiente pregunta, y también pregúntele a Dios: "¿Verdaderamente estoy dispuesto a cumplir con toda la voluntad de Dios para mi vida? Si la respuesta es "sí", entonces la Biblia dice que usted entenderá las doctrinas de la Palabra de Dios. Si la respuesta es "no", usted no entenderá ni sabrá cuáles son las doctrinas de la Palabra de Dios. Así de fácil es.

Hay tantos pastores, tantos sacerdotes, tantas congregaciones y tanto cristiano en general, que sólo se disponen a hacer la voluntad de Dios a medias, por eso es que hoy en día en la iglesia de Estados Unidos hay tanta ignorancia y tanto comportamiento basados en la ignorancia.

No importa cuan dispuestos estemos a cumplir o a incumplir la voluntad de Dios, hemos sido formidable y maravillosamente creados para desear la verdad. Podemos estar seguros de esto ya que Dios Todopoderoso desea que la verdad more en lo más íntimo de nuestro ser.

Salmo 51:6(RV) "⁶He aquí, tú amas la verdad en lo íntimo: Y en lo secreto me has hecho comprender sabiduría".

Si Ud. no es salvo o está dudando de su salvación, ore a Dios. Reconozca que Ud. es un pecador. Pídale que lo salve de sus iniquidades. Confiese sus pecados delante de Él; entonces será salvo. Son tres pasos muy sencillos: **Pida, crea y confiese**.

# Capítulo 4

# La prueba de la salvación

**¿Cómo sabemos si nuestros seres queridos son salvos?
¿Podemos estar seguros de ello?**

Sí, podemos estar seguros de que un ser querido sea salvo; veamos cómo: pruebe los espíritus. Repito: pruebe los espíritus. Es decir, pregúntese si el espíritu que está dentro del individuo es de Dios o si es del anticristo. Sólo hay dos opciones. Esta es la forma más sencilla que la Biblia nos da para saber si una persona es salva, o no.

> 1 Juan 4:2-3 (RV) "²En esto conoced el Espíritu de Dios: todo espíritu que confiesa que Jesucristo es venido en carne es de Dios; ³ Y todo espíritu que no confiesa que Jesucristo es venido en carne, no es de Dios: y este es el espíritu del anticristo, del cual vosotros habéis oído que ha de venir, y que ahora ya está en el mundo".

Hay muchos escépticos que dudan de la eficacia de esta prueba espiritual. Yo también era uno de ellos. Ahora veamos 1 Juan 4:2-3, en todo su contexto, para concluir con toda certeza que la intención precisa de las Escrituras es que todo creyente pruebe los espíritus; o sea, que prueben el espíritu de cada individuo para saber a quién pertenecen.

Primero establezcamos el contexto del pasaje bíblico; o sea, ¿qué nos dicen la Escrituras en su contexto más amplio?

> 1 Juan 4:1 (RV) "¹AMADOS, no creáis a todo espíritu, sino probad los espíritus si son de Dios; porque muchos falsos profetas son salidos en el mundo".

Observamos en versículo 1, y vemos que está dirigido directamente a los creyentes. El Apóstol Juan los llama "amados". Luego les manda que NO CREAN a todo espíritu, sino que los prueben. Juan nos da dos razones más para probar los espíritus: Primero, para determinar "si son de Dios", o no. Segundo, "porque muchos falsos profetas han salido por el mundo".

Estamos probando los espíritus de los hombres, y concretamente el de los falsos profetas. Notemos la manera en que Juan nos dirige a que probemos el espíritu que está en el hombre, mas no al hombre exclusivamente o a sus conocimientos, ya que existe una diferencia entre los dos. El uno es espíritu, mientras que el otro es carne; el espíritu es eterno, la carne y la mente son temporales.

Cuando le preguntamos a un individuo: "**¿Cree que Jesucristo ha venido en la carne?**", estamos hablando directamente al espíritu que mora en esa persona, mas no a su mente. De acuerdo con Lucas 10:20 sabemos que los espíritus (del hombre, de los ángeles, y de los demonios), están sujetos a los creyentes y deben contestarnos cuando les hacemos una pregunta.

Lucas 10:20 (RV) "²⁰ Mas no os gocéis de esto, que los espíritus se os sujetan; antes gozaos de que vuestros nombres están escritos en los cielos".

Esta es una herramienta maravillosa e importante que el Señor nos ha dado para saber si un ser querido es salvo. Hace algún tiempo escuchaba a un pastor que hacía alusión a una encuesta que se hizo en Estados Unidos, entre unos pastores colegas suyos, y la encuesta indicaba que el 36% de los clérigos encuestados NO CREEN en la resurrección corporal de Jesucristo. Eso me hace pensar que el 36% de los que participaron en la encuesta, que asumen esa postura, no son salvos. ¡Hasta podría ser su propio pastor o sacerdote! ¿No le parecería un acto prudente de nuestra parte enterarnos si nuestro pastor o sacerdote es salvo? ¿Qué tal si él, (o ella) es un falso profeta?

¿No cree que es nuestra obligación enterarnos? ¿No cree que el conocimiento que tengamos de su salvación podría afectar cómo percibimos lo que nos predican?

En Estados Unidos estamos menoscabando las Escrituras al confiar en el clero como lo hacemos, porque la Biblia nos dice que debemos ser seguidores de **Jesucristo**, debemos confiar en <u>sus</u> palabras y buscarlo a Él. Los pastores y sacerdotes son meros cuidadores de la iglesia. La Biblia a veces los llama obispos (2 Timoteo 3). Han sido llamados por Dios Todopoderoso para servirle, y no para que sean servidos, como gerentes o presidentes de alguna gran empresa eclesiástica.

Personalmente he conocido personas que afirmaban ser cristianos. Éstos eran miembros asiduos de la iglesia; y sin embargo, cuando yo les preguntaba "**¿Cree que Jesucristo ha venido en la carne?**", ellos me contestaban sin titubeos: "¡No!" A otros el Espíritu Santo les trababa la lengua, dejándolos incapaces de contestar la pregunta con un simple "sí". Otros se iban por las ramas y empezaban a hablar de algo que no tenía nada que ver con la pregunta, mientras que otros respondían con preguntas no relacionadas con el tema. Cualquier respuesta que no sea "sí", equivale a decir que "no". Intente esta prueba y quedará asombrado de cómo una simple pregunta es capaz de provocar una respuesta que procede del espíritu de la persona, y no de su mente.

Pregúntele a un ser querido del cual Ud. no está seguro si es salvo… "**¿Crees que Jesucristo ha venido en la carne?**". Observe su respuesta. Si no contestan, vuelva a repetir la misma pregunta. Solamente una repuesta afirmativa nos puede indicar que tienen al Espíritu de Dios adentro, y no al espíritu de anticristo. Estoy seguro que quedará asombrado al ver cómo el espíritu de la persona contesta a su pregunta. Algunas veces el espíritu contesta: "sí," inmediatamente, y al poco tiempo en sus mentes se preguntan: ¿y por qué acabo de decir que "sí"?

Un día estaba jugando golf con un entrañable amigo que pastoreaba una pequeña iglesia en Sedalia, Estado de Colorado.

Este fue el pastor que me mostró por primera vez 1 Juan 4:1-3. Estábamos emparejados para el juego con Tom y John, dos adolescentes de 18 o de 19 años. Después de oír que mi amigo era pastor, Tom se gastó los últimos 17 hoyos contándonos las grandes cosas que estaban haciendo en su iglesia. Habló de todas las obras maravillosas en la cuales él mismo había participado y hasta empezó a citar pasajes bíblicos, o tal vez debería decir que estaba citando incorrectamente las Escrituras. Yo sabía que mi amigo, el pastor, estaba poniendo mucha atención y que por dentro su espíritu estaba perturbado.

Cuando Tom siguió citando pasajes bíblicos fuera de contexto, mi amigo y yo empezamos a inquietarnos y sabíamos que algo andaba mal. Finalmente le preguntamos a Tom, "**¿Crees que Jesucristo ha venido el la carne?**" Su respuesta a la pregunta fue espantosa. Él dijo: "Uh, um, ahh, hmm, pues, ah,… ¡**NO!**". Refunfuñó por unos diez segundos y después dijo, "¡NO!". Se había pasado los últimos 17 hoyos contándonos lo bueno que era como cristiano, y sin embargo su espíritu dijo que NO—ni siquiera era salvo.

Por cierto, al acabar el partido de golf, mi amigo, el pastor, le explicó que de acuerdo con 1 Juan 4:1-3, su espíritu estaba confesando que no era salvo. Después lo invitó a que hiciera una simple oración de confesión y le explicó que la salvación es simplemente creer y hacer una confesión de haber creído personalmente en Jesucristo como Salvador, y que Dios lo resucitó de los muertos. Tom le dijo a mi amigo que no se quería entregar a Jesucristo aquel día, pero que más tarde tal vez lo haría. Pero eso no fue lo más sorprendente…

¿Se acuerda de John? Él estaba escuchando la conversación durante todo ese tiempo, y cuando Tom rechazó la oportunidad de entregarle su vida a Jesucristo, John sintió que Dios Todopoderoso lo estaba llamando a que aceptara a Cristo. Acto seguido, ¡le entregó su vida a Dios! Jesucristo ahora era su nuevo Señor y los ángeles del cielo se regocijaron porque ¡otro pecador se había arrepentido!

Juan 6:44 (RV) "⁴⁴ Ninguno puede venir a mí, si el Padre que me envió no le trajere; y yo le resucitaré en el día postrero".

**Aquel hermoso día John aceptó a Jesucristo, el Señor—amén.**

Lucas 15:10 (RV) "¹⁰ Así os digo que hay gozo delante de los ángeles de Dios por un pecador que se arrepiente".

Cuando estamos ministrando la Palabra de Dios, indiferentemente de donde estemos, nunca sabemos quién pueda estar escuchando, y quién no; sólo nos percatamos cuando el Espíritu empieza a moverse.

# Capítulo 5

# La salvación es para siempre

**"¿Podemos perder nuestra salvación? Si es así, ¿cómo? ¿Qué debemos hacer para no perderla?**

Esta es una de las preguntas más controvertidas del mundo cristiano actual… ¿Podemos perder nuestra salvación? O dicho de otra manera, cuando hemos sido salvos ¿somos salvos para siempre?

Si existiera alguna manera de perder nuestra salvación, entonces indudablemente cada uno de nosotros perdería su salvación. Pregúntele a Adán y Eva: ellos nacieron perfectos; vivían en la perfección del Edén y sin embargo encontraron la única forma de echarlo todo a perder. No hay diferencia entre ellos y nosotros.

No—no podemos perder la salvación. El diablo tratará de enseñarnos lo contrario, y hasta usará de algunas iglesias modernas en Estados Unidos como su herramienta, pero no les ponga atención. Él es un perdido, porque ya ha perdido.

**No podemos perder la salvación.**

**Razón #1: Fuimos comprados por precio; ya no pertenecemos a nosotros mismos, sino a Dios.**

1 Corintios 6:19-20 (RV) "[19]¿O ignoráis que vuestro cuerpo es templo del Espíritu Santo, el cual está en vosotros, el cual tenéis de Dios, y que no sois vuestros? [20] Porque comprados sois por precio: glorificad pues a Dios en vuestro cuerpo y en vuestro espíritu, los cuales son de Dios".

53

¿Cómo podemos perder algo—nuestra vida—si ya no nos pertenece? Cuando aceptamos aquel don perfecto y gratuito, somos comprados con la sangre preciosa de Jesucristo que fue derramada en el Calvario por nosotros; ya no nos pertenecemos a nosotros mismos—le pertenecemos a Jesucristo. Nuestro cuerpo y alma son la posesión de Dios.

**Razón #2: Somos una nueva criatura, un ser que ha sido transformado espiritualmente.**

> 2 Corintios 5:17-18, 21 (RV) "[17] De modo que si alguno está en Cristo, nueva criatura es: las cosas viejas pasaron; he aquí todas son hechas nuevas.[18] Y todo esto es de Dios, el cual nos reconcilió a sí por Cristo; y nos dio el ministerio de la reconciliación.[21] Al que no conoció pecado (Jesucristo), lo hizo pecado por nosotros (Dios Padre), para que nosotros fuésemos hechos justicia de Dios en Él".

En el momento de nuestra salvación nos convertimos completamente en nuevas criaturas. Nuestro viejo ser pecaminoso ha muerto. El término "en" del versículo 17, no demuestra una acción continua o repetida. De modo que no hay nada en el pasaje que sugiera que debamos seguir salvándonos una y otra vez. Aún vivimos en nuestra carne; sin embargo, hemos sido llamados a mortificar las obras de la carne.

> Romanos 8:13 (RV) "[13] Porque si viviereis conforme a la carne, moriréis; mas si por el espíritu mortificáis las obras de la carne, viviréis".

Si el viejo hombre ha muerto, ¿cómo podemos regresar a él? Es muy fácil. ¡No podemos! Aun si quisiéramos, ya no somos posesión nuestra, sino de Dios (1 Corintios 6:19-20).

Si vivimos conforme a la carne, la carne morirá, pero el espíritu no morirá.

**Razón #3: Es una locura salvarse una y otra vez (o pensar que debemos ser salvos una y otra vez), porque exponemos a vituperio al Hijo de Dios.**

1 Corintios 1:21 (RV) "[21] Porque por no haber el mundo conocido en la sabiduría de Dios a Dios por sabiduría, agradó a Dios salvar a los creyentes por la locura de la predicación".

Es una locura predicarle la salvación a los que ya han creído, porque ya son salvos. No obstante, debemos estudiar el mensaje de salvación para que nos aunemos en nuestro común entendimiento, después de haber sido salvos. No hicimos nada para ganarnos la salvación y no podemos hacer nada para perderla.

Hebreos 6:4-6 (RV) "[4] Porque es imposible que los que una vez fueron iluminados y gustaron el don celestial, y fueron hechos partícipes del Espíritu Santo, [5] y asimismo gustaron la buena palabra de Dios, y las virtudes del siglo venidero, [6] y recayeron, sean otra vez renovados para arrepentimiento, crucificando de nuevo para sí mismos al Hijo de Dios, y exponiéndole a vituperio".

He aquí algunas referencias adicionales para profundizar en el estudio, que corroboran el tema y señalan la seguridad eterna del creyente:

Juan 10:26-28: "[26] Mas vosotros no creéis, porque no sois de mis ovejas, como os he dicho. [27] Mis ovejas oyen mi voz, y yo las conozco, y me siguen; [28] y yo les doy vida eterna y no perecerán para siempre, ni nadie las arrebatará de mi mano".

55

**Si pudiéramos ser arrebatados de la mano de Dios, entonces en realidad Él no nos estaría protegiendo mucho que digamos.**

1 Pedro 1:5: "⁵ Para nosotros que somos guardados en la virtud [o por el poder] de Dios por fe, para alcanzar la salvación".

**Si Dios no nos puede guardar para que alcancemos la salvación, entonces ¿qué clase de Dios es?**

Hebreos 7:24-25: "²⁵ Por lo cual puede también salvar eternamente a los que por Él se allegan a Dios, viviendo siempre para interceder por ellos".

**Si Jesucristo es capaz de salvarnos eternamente, y vive para siempre haciendo intercesión por nosotros; si eso no es suficiente, entonces ¿cómo puede ser un buen intercesor?**

Hebreos 10:10-14: "¹⁴ Porque con una sola ofrenda hizo perfectos para siempre a los santificados".

**Si Jesús perfeccionó para siempre a los creyentes (santificados, perfeccionados); o sea, a los que son salvos, entonces ¿en qué momento podemos dejar de ser perfeccionados?**

2 Timoteo 2:11-13: "¹³ Si fuéremos infieles, Él permanece fiel: no se puede negar a sí mismo".

**Si dejáramos de creer en Jesús, aun después de haber sido salvos, Él mismo no se puede negar; Él es fiel para salvarnos, pese a nosotros mismos.**

1 Juan 5:1; 1Juan 3:9: "⁹Cualquiera que es nacido de Dios, no hace pecado, porque su simiente está en Él; y no puede pecar, porque es nacido de Dios".

**Los creyentes que son salvos no cometen pecado, (espiritualmente); porque han nacido de**

**Dios en forma espiritual, ¿entonces cómo van a perder una salvación que es sobre todo espiritual? Desde luego que la carne aún peca, pero debemos mortificarla en sus obras y en sus deseos.**

Filipenses 1:6: "⁶ Estando confiado de esto, que el que comenzó en vosotros la buena obra, la perfeccionará hasta el día de Jesucristo."

**Dios ha empezado la buena obra en nosotros y es su responsabilidad acabarla.**

**⁵¿Qué más tenemos que hacer para poder ser salvos? ¿Ser bautizados, hacer buenas obras, etc.?**

Hay mucha división en la iglesia sobre las doctrinas del bautismo y las buenas obras. Pese a las divisiones teológicas, la respuesta a la pregunta #5 es un rotundo ¡NO! Ni el bautismo, ni las buenas obras, ni ninguna otra cosa pueden convertirse en requisitos para que un individuo sea salvo o para que guarde su salvación. No escuche las mentiras de Satanás, él quiere robarle a la humanidad sus galardones y nuestras coronas de justicia.

Un ejemplo que viene al caso es, El malhechor en la cruz.

Lucas 23:39-43 (RV) "³⁹Y uno de los malhechores que estaban colgados, le injuriaba, diciendo: Si tú eres el Cristo, sálvate a ti mismo y a nosotros. ⁴⁰Y respondiendo

Cristo, sálvate a ti mismo y a nosotros.[40] Y respondiendo el otro, reprendióle, diciendo: ¿Ni aun tú temes a Dios, estando en la misma condenación?

[41] Y nosotros, a la verdad, justamente padecemos; porque recibimos lo que merecieron nuestros hechos: mas éste ningún mal hizo.[42] Y dijo a Jesús: [Señor], acuérdate de mí cuando vinieres a tu reino.[43] Entonces Jesús le dijo: De cierto te digo, que hoy estarás conmigo en el paraíso".

¿Es salvo el malhechor? Podemos suponer que si él está con Cristo en el paraíso, como lo afirma y lo indica el Señor, sí es salvo.

El malhechor **confesó** con su boca y **creyó** en su corazón que Jesucristo es el Señor, y que Dios lo levantaría de los muertos, de modo que **sí era salvo** porque lo que dijo concuerda con Romanos 10:9-10, que vimos en el capítulo 1. Había permanecido en las tinieblas toda su vida, separado de la bondad de Jesucristo. Según lo que dijo, probablemente hizo muy pocas buenas obras y lo más seguro es que nunca fue bautizado. Si la salvación requiere algo fuera de **creer** y **confesar**, habría constancia de ello en las Escrituras, para beneficio nuestro.

Decir que debemos ser bautizados para poder ser salvos es no entender lo que significa el [1]bautismo por agua y [2]el bautismo espiritual, a la luz de lo que éstos representan en las Escrituras y en nuestras vidas.

### [1] Bautismo espiritual: (la demostración de un corazón arrepentido).

La palabra griega *baptizo* quiere decir "zambullir", "sumergir", o "identificarse con". El bautismo por agua es un **bautismo de arrepentimiento** por medio del cual confesamos nuestro deseo de arrepentirnos, (apartarnos) de la naturaleza

Jesucristo. Esta repuesta, la de (**un corazón arrepentido**) es una creencia espiritual que ocurre en nuestro corazón y en nuestra mente, que confesamos con la boca, para así poder satisfacer los requisitos de la salvación confirme a (Romanos: 10:9,10).

Por cierto, el creyente que participa en el sacramento del bautismo por agua, está demostrando tener una buena conciencia ante los hermanos y ante Dios Todopoderoso

> 1 Pedro 3:21(RV) "²¹ A la figura de la cual el bautismo que ahora corresponde nos salva (no quitando las inmundicias de la carne, sino como demanda de una buena conciencia delante de Dios,) por la resurrección de Jesucristo:

No es que el acto físico sea de suma importancia en la ceremonia; al contrario, es la confesión de fe en Jesucristo que demuestra una "buena conciencia". Todo cristiano debe bautizarse por agua después de su conversión, por eso se le conoce como "el primer paso de la fe". Hay muchas razones por las que un cristiano debe bautizarse por agua, pero quizás el ejemplo que Cristo mismo nos da es el más apremiante:

> Juan 1:29-34 (RV) "El siguiente día ve Juan a Jesús que venía a Él, y dice: He aquí el Cordero de Dios, que quita el pecado del mundo. ³⁰ Este es del que dije: Tras mí viene un varón, el cual es antes de mí: porque era primero que yo. ³¹ Y yo no le conocía; más para que fuese manifestado a Israel, por eso vine yo bautizando con agua. ³² Y Juan dio testimonio, diciendo: Vi al Espíritu que descendía del cielo como paloma, y reposó sobre Él. ³³ Y yo no le conocía; mas el que me envió a bautizar con agua, aquél me dijo: Sobre quien vieres descender el Espíritu, y que reposa sobre Él, éste es el que bautiza con Espíritu Santo. ³⁴ Y yo le vi, y he dado testimonio que éste es el Hijo de Dios.

Mateo 3:13-17 (RV) "Entonces Jesús vino de Galilea a Juan al Jordán, para ser bautizado de Él. [14] Mas Juan lo resistía mucho, diciendo: Yo he menester ser bautizado de ti, ¿y tú vienes a mí? [15] Empero respondiendo Jesús le dijo: Deja ahora; porque así nos conviene cumplir toda justicia. Entonces le dejó. [16] Y Jesús, después que fué bautizado, subió luego del agua; y he aquí los cielos le fueron abiertos, y vio al Espíritu de Dios que descendía como paloma, y venía sobre Él. [17] Y he aquí una voz de los cielos que decía: Este es mi Hijo amado, en el cual tengo contentamiento".

Lucas 3:21,22 (RV) "[21] Y aconteció que, como todo el pueblo se bautizaba, también Jesús fué bautizado; y orando, el cielo se abrió, [22] Y descendió el Espíritu Santo sobre Él en forma corporal, como paloma, y fué hecha una voz [vino]del cielo que decía: Tú eres mi Hijo amado, en ti me he complacido".

Nótese en los tres evangelios que describen el bautismo de Jesús, que el Espíritu en (Juan), el Espíritu de Dios en (Mateo) y el Espíritu Santo en (Lucas), están descritos como una paloma que desciende sobre Jesús. Los teólogos contemporáneos coinciden en que los tres son uno mismo y que en cada caso se trata de la tercera persona de la trinidad. Un estudio somero de estas palabras en el Nuevo Testamento revela cómo están relacionados los tres, pero no comprueba contundentemente que se trate de la tercera persona de la trinidad, en cada ejemplo. Sabemos que Jesucristo no recibió "el Espíritu" por medida. Él recibió más: el Espíritu de Dios, y el Espíritu Santo. ¿Podría ser que de alguna manera "el espíritu" es de Jesucristo, "el Espíritu de Dios" es del

¿Es esto lo que quieren decir las Escrituras con la expresión, "por medida"?

Juan 3:34 (RV) "[34] Porque el que Dios envió, las palabras de Dios habla: porque no [le] da Dios el Espíritu por medida".

Es más, el bautismo por agua es el acto de sumergir al nuevo creyente bajo agua, como testimonio de que él o ella ha experimentado la realidad de la conversión y que ha sido transformado (a), de la muerte a la vida. El sacramento no se debe equiparar con la salvación. Concretamente se trata de un acto de arrepentimiento en el que la persona se aparta del pecado y se encamina hacia Dios Padre Todopoderoso. Pablo logra con creces explicarnos el significado simbólico del bautismo en el libro de Romanos:

Romanos 6:3-6 (RV) "[3] ¿O no sabéis que todos los que somos bautizados en Cristo Jesús, somos bautizados en su muerte?

[4] Porque somos sepultados juntamente con Él a muerte por el bautismo; para que como Cristo resucitó de los muertos por la gloria del Padre, así también nosotros andemos en novedad de vida. [5] Porque si fuimos plantados juntamente en Él a la semejanza de su muerte, así también lo seremos a la de su resurrección: [6] Sabiendo esto, que nuestro viejo hombre juntamente fue crucificado con Él, para que el cuerpo del pecado sea deshecho, a fin de que no sirvamos más al pecado".

Primero, el bautismo representa la muerte (Romanos 6:3). Segundo, representa la redención, y nos pinta un cuadro del evangelio (Romanos 6:4). Tercero, el bautismo representa nuestra esperanza en la resurrección venidera (Romanos 6:5).

Cuarto, el bautismo simboliza nuestra nueva vida; la vida vieja está crucificada con Cristo. Ya no somos siervos del pecado porque tenemos un nuevo dueño (Romanos 6:6). Todo creyente debe ser bautizado por agua, pero por su propia voluntad. La decisión es nuestra. No es un requisito que Dios nos impone para ser salvos, aunque obviamente es su deseo que lo hagamos.

## [2] El bautismo espiritual (ungidos para servir).

El bautismo espiritual es el que describía Lucas en los *Hechos de los apóstoles*. Es el bautismo del Espíritu Santo—un acontecimiento histórico que se encuentra en Hechos 2:2-3. Es un recuento del Espíritu Santo que cae <u>sobre</u> el creyente.

El bautismo espiritual se manifiesta tanto internamente como externamente. La operación interna del bautismo espiritual, que también se conoce como "estar lleno del Espíritu Santo", debe ser el deseo de todos los que anhelan "andar en el Espíritu" (Gálatas 5:16). Cuando un creyente está lleno del Espíritu Santo, el Espíritu Santo le da poder (Hechos 1:8) para que dé <u>testimonio</u> a los demás. (Hechos 4:29-31). Al igual que el bautismo por agua, hay muchas razones por las que todo cristiano debe desear el bautismo espiritual y su obra interna, o sea: estar llenos del Espíritu Santo; empero, como hemos visto, el ejemplo de Cristo es veraz (Juan 3:34-35).

Notemos también que en el Antiguo Testamento, Dios soberanamente escoge quién iba recibir al Espíritu Santo. Sin embargo, en la era eclesiástica, el Espíritu Santo es derramando sobre <u>toda carne</u> (Hechos 2:17); llena por separado a quienes habían pedido al Espíritu Santo (Lucas 11:13), y a quienes habían escuchado la Palabra (Hechos 8:14-17, 10:44-48).

En todo caso, ni el bautismo por agua, ni los bautismos espirituales son requisitos para la salvación. No obstante, la salvación sí es un requisito para recibir cualquiera de los dos bautismos (Juan 14:17, Hechos 2:38).

Hechos 1:5, 8 (RV) "⁵ Porque Juan a la verdad bautizó con agua, mas vosotros seréis bautizados con el Espíritu Santo no muchos días después de estos. ⁸ Mas recibiréis la virtud [el poder] del Espíritu Santo que vendrá sobre vosotros; y me seréis testigos en Jerusalem, en toda Judea, y Samaria, y hasta lo último de la tierra".

Hay dos preguntas que debemos hacer:

**#1** – ¿Fueron salvos los apóstoles antes de ser bautizados por agua y por el Espíritu? Jesús explica la diferencia entre las dos clases de bautismos (por agua y por el Espíritu): uno es con agua para arrepentimiento, y el otro es por el Espíritu Santo, que resulta en poder para dar testimonio. También hay que tener en cuenta que el Espíritu Santo iba a venir sobre todos ellos. Esta es la manifestación externa del bautismo espiritual.

Hechos 2:17 (RV) "¹⁷ Y será en los postreros días, dice Dios, derramaré de mi Espíritu sobre toda carne, y vuestros hijos y vuestras hijas profetizarán; y vuestros mancebos verán visiones, y vuestros viejos soñarán sueños."

**#2** - ¿Tuvieron los apóstoles un testimonio impactante antes de la llegada del Espíritu Santo? En las Escrituras vemos que después de la muerte de Cristo los apóstoles tenían miedo de morir. Sólo obraban con denuedo cuando Él aún estaba en la carne, con ellos, pero después andaban escondiéndose, temerosos de que los fueran a matar.

Hay que señalar que inmediatamente después de que cayera el Espíritu Santo sobre ellos, también fueron llenados por el Espíritu, y se da por evidencia que empezaron a hablar en lenguas desconocidas.

Hechos 2:4 (RV) "[4] Y fueron todos llenos del Espíritu Santo, y comenzaron a hablar en otras lenguas, como el Espíritu les daba que hablasen".

Ahora veamos algunos pasajes bíblicos que podrían hacernos creer que el bautismo es necesario para recibir la salvación:

Juan 3:5-6 (RV) "[5] Respondió Jesús: De cierto, de cierto te digo, que el que no naciere de agua y del Espíritu, no puede entrar en el reino de Dios. [6] Lo que es nacido de la carne, carne es; y lo que es nacido del Espíritu, espíritu es.

Como habíamos visto antes, nacer "de agua" no consiste en el acto físico de ser bautizado con agua, sino la actitud de un corazón arrepentido. Quizás este pasaje nos esté hablando del nacimiento físico (la ruptura de la placenta que envuelve el líquido amniótico durante el alumbramiento). No obstante, debemos arrepentirnos mentalmente y reconocer que necesitamos ser perdonados de nuestros pecados, **antes** que podamos hacer algo al respecto.

"Nacer del Espíritu" es el resultado espiritual de nuestro arrepentimiento y de nuestro deseo de crecer en la gracia de Dios. Dios nos depara el don de poder acceder a Él por medio de la oración y nos capacita con ciertos dones espirituales para la edificación del cuerpo de Cristo (1 Corintios 12, Romanos 12, Efesios 4, 1 Pedro 4). La manifestación externa del bautismo espiritual es el Espíritu Santo que está disponible y cae sobre todo creyente que es salvo.

**Esto no debe confundirse con la manifestación interna del bautismo espiritual, que es ser lleno del Espíritu Santo.**

Por cierto que esta doctrina del bautismo espiritual y su dinámica interna requieren mucho estudio, tiempo y oración para entenderla a fondo. · A continuación incluimos algunas referencias adicionales para un estudio más minucioso del tema, que arrojarán luz sobre la capacidad que tiene Jesucristo para satisfacer toda necesidad:

Romanos 4:1-8 (RV) "Mas al que no obra, pero cree en Aquél que justifica al impío, la fe le es contada por justicia".

Hasta el creyente que no ha hecho buenas obras para el Reino es salvo, porque su fe le es contada por justicia. Sin embargo, el no hacer buenas obras es una mala idea, porque un creyente podría acabar viviendo en las "tinieblas de afuera" durante el reinado milenario de Cristo sobre la tierra.

Juan 4:10-14 (RV) "[14] Mas el que bebiere del agua que yo le daré, para siempre no tendrá sed: mas el agua que yo le daré, será en él una fuente de agua que salte para vida eterna".

**Jesucristo nos da el agua de vida, y lo único que hacemos nosotros es tomarla.**

Juan 15:3-5 (RV) "[3] Ya vosotros sois limpios por la palabra que os he hablado."

**Somos limpiados por la Palabra (Jesucristo: Juan 1:1), y no por nuestros propios esfuerzos.**

Efesios 5:25-27 (RV) "[27] Para santificarla limpiándola en el lavacro [o lavado] del agua por la palabra."

**La iglesia; es decir, nosotros, somos santificados y limpiados por la Palabra—Jesucristo—y no por nuestras propias obras.**

Tito 3:3-7 (RV) "⁵ No por obras de justicia que nosotros habíamos hecho, mas por su misericordia nos salvó, por el lavacro [lavado] de la regeneración, y de la renovación del Espíritu Santo".

**Nuestras propias obras nada tienen que ver con nuestra salvación, pero sí tienen mucho que ver con nuestra gloria (1 Corintios 15:41,42). Fuimos salvos por la misericordia de Jesucristo, mas no por nuestras obras de justicia.**

1 Corintios 3:11-15 (RV) "¹¹ Porque nadie puede poner otro fundamento que el que está puesto, el cual es Jesucristo."

**Solamente Jesucristo puede poner el fundamento de nuestra salvación—Él mismo.**

Efesios 2:8-9 (RV) "⁸ Porque por gracia sois salvos por la fe; y esto no de vosotros, pues es don de Dios: ⁹ No por obras, para que nadie se gloríe".

La salvación es **por la gracia de Dios,** por medio de **la fe de Dios**; no es por nuestras propias obras, ya que el hombre se jactaría de sí mismo.

# Capítulo 6

## ¿Hay pasajes bíblicos que nos hagan llegar a una conclusión diferente? Tracemos bien la Palabra de Dios para los hermanos que con todo el corazón aman la verdad.

Si Ud. ha perseverado en los primeros cinco capítulos, alabo a Dios por darle un corazón que busca la Verdad. Confío que el Espíritu Santo le esté enseñando nuevas y maravillosas revelaciones en los pasajes bíblicos que hasta aquí hemos presentado. Aprecio mucho el tiempo que hemos compartido sobre las doctrinas referentes al Señor Jesucristo. Pido a Dios que me conceda muchísimas más oportunidades como esta antes del día en que regrese nuestro Señor.

Antes de echarle una ojeada a unos pasajes bíblicos que algunos creyentes usan como base para su creencia de que podemos perder la salvación, observemos un pasaje que ellos no pueden refutar.

### ¿En la Biblia habrá ejemplos de algún creyente que viva una vida impía, y sin embargo la Palabra de Dios lo considera salvo?

1 Corintios 5:1-6 (RV) "¹ DE cierto se oye que hay entre vosotros fornicación, y tal fornicación cual ni aun se nombra entre los gentiles; tanto que alguno tenga la mujer de su padre. ² Y vosotros estáis hinchados, y no más bien tuvisteis duelo, para que fuese quitado de en medio de vosotros el que hizo tal obra. ³ Y ciertamente, como ausente con el cuerpo, mas presente en espíritu, ya como presente he juzgado al que esto así ha cometido [esta obra]: ⁴ En el nombre del Señor nuestro Jesucristo, juntados vosotros y mi espíritu, con la facultad [el poder] de nuestro Señor Jesucristo,

[5] El tal sea entregado a Satanás para muerte de la carne, porque el espíritu sea salvo en el día del Señor Jesús. [6] No es buena vuestra jactancia. ¿No sabéis que un poco de levadura leuda toda la masa?".

Cuatro verdades importantes en 1 Corintios 5:1-6:

1. El pecado se encuentra en la iglesia, entre la hermandad.
2. La pena que se da aquí en la tierra es expulsar o excomulgar al pecador, fuera de la congregación.
3. El pecador se ha de entregar a Satanás para la destrucción de la carne, mas no para ser condenado por toda la eternidad.
4. ¡El espíritu es **SALVO** en el día del Señor Jesucristo! El motivo para entregarlo a Satanás es para que **APRENDA**, pero no para que arda por toda la eternidad.

1 Timoteo 1:18-20 (RV) "[18]Este mandamiento, hijo Timoteo, te encargo, para que, conforme a las profecías pasadas de ti, milites por ellas buena milicia; [19] Manteniendo la fe y buena conciencia, la cual echando de sí algunos, hicieron naufragio en la fe: [20] De los cuales son Himeneo y Alejandro, los cuales entregué a Satanás, para que aprendan a no blasfemar".

Vuelvo a reiterar que el motivo para entregarlos a Satanás, es para que APRENDAN, pero no para que ARDAN en el infierno por toda la eternidad.

Veamos algunos pasajes bíblicos que citan algunos creyendo que éstos hablan de la salvación.

¡A Dios sea la gloria! Ore con diligencia a nuestro Señor Jesucristo y pídale que nos revele las verdades de su Palabra al ir estudiando cada pasaje. La siguiente es una comparación espiritual y juzgamiento de los siguientes pasajes bíblicos, con algo más:

Santiago 2:14 (RV) "14Hermanos míos, ¿qué aprovechará si alguno dice que tiene fe, y no tiene obras? ¿Podrá la fe salvarle?".

Esta es una de las citas bíblicas más sencillas y más malentendidas en toda la Palabra de Dios. A menudo cuando leemos las Escrituras es fácil sacar una o dos frases de su contexto, y sin querer salimos con una representación distorsionada. Por ejemplo, cuando aplicamos Santiago 2:14 a la salvación, estamos cometiendo este grave error.

En la Palabra de Dios, escrita, debemos discernir lógicamente y espiritualmente el contexto completo, y el mensaje. El discernimiento que tenemos para temas doctrinales proviene del Espíritu Santo (Juan 7:17), **únicamente si hacemos la voluntad de Dios y no la nuestra.** Leamos con discernimiento Santiago 2:14 (Es decir, acomodemos lo espiritual a lo espiritual, como dice en 1 Corintios 2:13):

Preguntas que nos debemos hacer:

1. ¿A quién le está escribiendo el Apóstol Santiago?
2. ¿De qué está escribiendo el Apóstol Santiago?
3. ¿Cuál es el mensaje que Dios quiere comunicarnos por medio del apóstol?

Ante todo, pongamos las Escrituras en su debido contexto: Santiago les estaba escribiendo a los judíos (Santiago 1:1), y <u>no a</u>

los gentiles. Parece que en esa época había algunos judíos que reaccionaron indebidamente al evangelio que predicaba Pablo. Se comportaban como si las obras no jugaran un papel importante en la experiencia del cristiano. Es más, estos judíos eran creyentes supremamente inmaduros en su fe, como veremos a continuación:

**Santiago Capítulo 1**- Estos judíos no entendían las pruebas ni la influencia que ejerce la paciencia en la vida de una persona. Tampoco tenían sabiduría para manejar las pruebas que enfrentaron debido a su doblez de ánimo (carnal – espiritual). También pensaban que Dios los estaba tentando carnalmente y no entendían que estaban siendo tentados por las concupiscencias de su propia carne. Estaban airados, no eran hacedores de la Palabra de Dios (eran oidores solamente), y no refrenaban sus lenguas.

**Santiago Capítulo 2** – Hacían acepción de personas y eran legalistas en su forma de pensar. Ostentaban tener una fe muy grande, cuando en realidad Santiago los reprendió fuertemente diciéndoles que su supuesta fe no estaba produciendo fruto. No eran más que unos bocones, que proferían grades cosas.

**Santiago Capítulo 3** – Parecían desear las posiciones más altas o ser reconocidos; querían ser los maestros, pero no estaban capacitados para enseñar. Decían grandes cosas con sus lenguas, ofendiendo a la gente, pero Santiago los reprendió por este error. Con la misma lengua maldecían y bendecían; envidiaban, causaban conflictos, y no había en ellos ningún fruto de justicia.

**Santiago Capítulo 4** – Pedían mal para gastarse las bendiciones en sus propios deleites. Amaban al mundo y eran enemigos de Dios. Eran vanidosos y no eran humildes. Se resistían al liderazgo de Dios. Para nada querían someterse a Dios. Murmuraban los unos contra los otros. Pensaban controlar sus propios destinos y hacer su propia voluntad sin consultar a su Señor y Salvador. Eran jactanciosos y asentían en hacer lo correcto, pero no lo hacían.

**Santiago Capítulo 5-** Eran unos avaros que parecían haber adquirido sus bienes por métodos fraudulentos. No tenían paciencia y no querían padecer sufrimientos por el Señor. Hacían votos que no podían cumplir; no sabían qué hacer con los enfermos que tenían. No sabían lo poderosa que es la oración del justo. **No se daban cuenta de lo importante que es ayudarle a una persona que se aparta de la verdad.**

**Verdad #1 (Santiago Capítulos 1-5):** En suma, los **hermanos** a quienes les estaba escribiendo Santiago estaban demostrando una increíble falta de madurez. ¡Eran niños en Cristo! Al igual que la mayoría de los creyentes hoy en día en las iglesias de Estados Unidos. Al examinar detenidamente los primeros cinco capítulos de Santiago vemos que el tema principal es la "inmadurez" de los judíos creyentes.

> Santiago 2:14-17 (RV) "14 Hermanos míos, ¿qué aprovechará si alguno dice que tiene fe, y no tiene obras? ¿Podrá la fe salvarle? 15 Y si el hermano o la hermana están desnudos, y tienen necesidad del mantenimiento de cada día, 16 Y alguno de vosotros les dice: Id en paz, calentaos y hartaos; pero no les diereis las cosas que son necesarias para el cuerpo: ¿qué aprovechará? 17 Así también la fe, si no tuviere obras, es muerta en sí misma".

**Verdad #2 (Santiago 2:14-17):** Ante todo, Santiago escribe sobre "el provecho" de algo, mas no sobre la salvación en sí, ya que la frase en el versículo 14 termina con "¿…y no tiene obras?".

Según el Diccionario Bíblico Strong's, la palabra griega para "**aprovechar**", que significa "acumular" o "beneficiarse de", es "*ophelos*" (palabra # 3786). ¿Acaso la salvación es para ser acumulada o amontonada? ¿Acaso debemos ser salvos continuamente, una y otra vez? Por supuesto que no.

Santiago quiere saber cuál es el provecho o el beneficio para un creyente si dice que tiene fe, pero no tiene obras para demostrar esa fe. La respuesta es obvia…muy poco o casi nada. El aprovechamiento y el beneficio no provienen de la palabrería, sino de una dependencia y de un compromiso con Dios Todopoderoso.

**Verdad #3:** El texto griego no cuestiona si "la fe podrá salvarlo", como aparece escrito en castellano, pero sí sugiere que "**esa clase de fe** podrá salvarlo". "**La clase de fe**" a la que se refiere Santiago se encuentra implícita en la mitad del versículo 14: "si alguno **dice** que tiene fe", ¿**podrá ser salvo por medio de esa clase de fe?** No, por supuesto que no. Esa clase de fe no salva ni beneficia a nadie.

Ejemplo: Estos creyentes judíos, inmaduros, no podían haber sido salvos con **esa clase de fe** cuando creyeron por primera vez. Santiago hace una fuerte advertencia de las consecuencias que acarrea **esa clase de fe**, y la advertencia es la muerte.

Debemos tener cuidado de no malinterpretar este pasaje de Santiago 2:14, aplicándolo únicamente a la salvación, porque al hacerlo se podría obviar el tema central del texto y eso ocasionaría caos y divisiones en la iglesia. Además, hacer caso omiso del contexto de las Escrituras, tan obviamente, es descartar el evangelio por el cual seremos juzgados—el evangelio de Pablo.

Romanos 2:16 (RV) "[16]En el día que juzgará el Señor lo encubierto de los hombres, conforme a mi evangelio, por Jesucristo".

### ¿Sin obras, y sin embargo salvos?

Las epístolas paulinas hacen un excelente trabajo al vislumbrar el tema de las buenas obras, además del provecho y los galardones, y son el complemento perfecto a la epístola de

Romanos 4:1-8 (RV) "'¿QUÉ, pues, diremos que halló Abraham nuestro padre según la carne? ² Que si Abraham fue justificado por la obras, tiene de qué gloriarse; mas no para con Dios. ³ Porque ¿qué dice la Escritura? Y creyó Abraham a Dios, y le fué atribuido a justicia. ⁴ Empero al que obra, no se le cuenta el salario por merced, sino por deuda. ⁵ Mas al que no obra, pero cree en aquél que justifica al impío, la fe le es contada por justicia. ⁶ Como también David dice ser bienaventurado el hombre al cual Dios atribuye justicia sin obras, ⁷ Diciendo: Bienaventurados aquellos cuyas iniquidades son perdonadas, Y cuyos pecados son cubiertos. ⁸ Bienaventurado el varón al cual el Señor no imputó pecado".

Tres verdades importantes en Romanos 4:1-8:

1. ¿A quién se está refiriendo el pasaje? A los falsos profetas, NO a los creyentes.
2. ¿Cuál es el mensaje? Podemos distinguir, por su fruto, a los falsos profetas de los verdaderos.
3. Consideración clave: **¿Cuánto tiempo se demora un árbol frutal en producir fruto? Respuesta:** Por lo general 3 años o a veces más. La semilla del bambú tropical permanece entre 4 y 5 años bajo tierra y después crece 80 pies (24m aprox.) en un sólo año. He aquí una revelación maravillosa de la creación de Dios. ¿Podemos aplicar este concepto a la vida de un creyente? Piénselo y decida.

Si no producen fruto es porque son jóvenes (aunque los jóvenes no suelen ser maestros o profetas en el mundo pagano, no es así con los escogidos de Dios, p.ej: el profeta Jeremías tenía unos 13 años de edad). Si éstos producen fruto malo, son demonios; o sea, son malos, y si producen fruto bueno, es porque son creyentes que están madurando.

**No todos los árboles de la creación son frutales, y tampoco todos los creyentes producen fruto. Sin embargo, ¡todos tienen un propósito!**

No todos los creyentes recibirán el mismo rango o posición en el reino de los cielos (1 Corintios 15:22-23, Hebreos 11:35, 1 Corintios 15:40-42, 1 Corintios 3:8, y 2 Corintios 3:18). Esta posición o rango en la resurrección serán el resultado de las obras de justicia que cada uno haya hecho en vida.

**¿Debemos cumplir la ley para se salvos?**

2 Corintios 3:1-6 (RV) "¹¿COMENZAMOS otra vez a alabarnos a nosotros mismos? ¿O tenemos necesidad, como algunos, de letras de recomendación para vosotros, o de recomendación de vosotros? ² Nuestras letras [epístolas] sois vosotros, escritas en nuestros corazones, sabidas y leídas de todos los hombres; ³ Siendo manifiesto que sois letra de Cristo administrada de nosotros, escrita no con tinta, mas con el Espíritu del Dios vivo; no en tablas de piedra, sino en tablas de carne del corazón. ⁴Y tal confianza tenemos por Cristo para con Dios: ⁵ No que seamos suficientes de nosotros mismos para pensar algo como de nosotros mismos, sino que nuestra suficiencia es de Dios; ⁶ El cual asimismo nos hizo ministros suficientes de un nuevo pacto [testamento]: no de la letra, mas del Espíritu; porque la letra mata, mas el Espíritu vivifica".

Cuatro puntos importantes de 2 Corintios 3:1-6:

1. ¿Cómo sabían que ellos mismos eran "epístolas" de Jesucristo? Estaba escrito en sus corazones y sus buenas obras lo comprobaban (v.2).
2. Sus buenas obras demostraban que estaban **confiando** (v.4) en Jesucristo, lo cual va más allá de una creencia somera en Él.
3. Sus buenas obras no eran suficientes—Jesucristo es suficiente (v.5).
4. La ley mata; el Espíritu vivifica, porque Jesucristo satisfizo (completó) los requerimientos de la ley. Somos beneficiarios de la fe de Jesucristo.

**¿Cómo debemos vivir?**

1 Pedro 4:4-6 (RV) "[4] En lo cual les parece cosa extraña que vosotros no corráis con ellos en el mismo desenfrenamiento de disolución, ultrajándoos: [5] Los cuales darán cuenta al que está aparejado para juzgar los vivos y los muertos. [6] Porque por esto también ha sido predicado el evangelio a los muertos (muertos en delitos y pecados); para que sean juzgados en carne según los hombres, y vivan en espíritu según Dios".

Nuestro llamado es vivir conforme a la voluntad de Dios; es decir, hacer buenas obras, adorarle en espíritu y en verdad, y andar en el Espíritu. Debemos ser administradores de la multiforme gracia de Dios, aunque ciertamente no todos los creyentes son buenos administradores de la gracia que les es dada.

**¿Cómo <u>no</u> debemos vivir?**

Profésanse conocer a Dios; mas con los hechos lo niegan, siendo abominables y rebeldes (descalificados e inútiles), reprobados para toda buena obra".

Tres puntos importantes en Tito 1:15-16:

1. Pablo vuelve a complementar lo que dice Santiago 2:14. Todo es puro para los que son puros (v.15).
2. Estos falsos profetas se descalifican ¿de qué? ¿De la salvación? No, están descalificados de la carrera. Ya no están participando en la carrera por la voluntad de Dios ni por su autoridad, están ahí por su propia cuenta (Hebreos 12:1, 1 Corintios 9:24, 2 Timoteo 4:7), y por lo tanto no recibirán la recompensa completa. Así como dice en Santiago 2:14, no hay beneficio ni provecho en esta forma de andar.

3. **Nosotros no calificamos para ser salvos, Jesucristo ya reunió los requisitos por nosotros.** Entonces ¿cómo podemos ser "descalificados" de algo para lo cual nunca tuvimos que calificar? Aquí las Escrituras obviamente no nos están hablando de la salvación. Están hablando de las buenas obras para obtener la recompensa.

Tito 2:11-14 (RV) ""Porque la gracia de Dios que trae salvación a todos los hombres, se manifestó. [12] Enseñándonos que, renunciando a la impiedad y a los deseos mundanos, [debemos vivir] en este siglo, templada, y justa, y píamente, [13] Esperando aquella esperanza bienaventurada, y la manifestación gloriosa del gran Dios y Salvador nuestro Jesucristo. [14] Que se dio a sí mismo por nosotros para redimirnos de toda iniquidad, y limpiar para sí un pueblo propio, celoso de buenas obras.

Jesucristo nos purifica para sí mismo; nosotros no nos purificamos a través de nuestras buenas obras. Somos redimidos de la iniquidad y purificados para Dios, por Jesucristo que mora en nosotros.

Pablo vuelve a complementar lo que dice Santiago, llamándonos a hacer buenas obras, más nunca relaciona las buenas obras con nuestra salvación.

### ¿Somos justificados por nuestras obras?

Tito 3:3-8 (RV) "³ Porque también éramos nosotros necios en otro tiempo, rebeldes, extraviados, sirviendo a concupiscencias y deleites [placeres] diversos, viviendo en malicia y en envidia, aborrecibles, aborreciendo los unos a los otros. ⁴ Mas cuando se manifestó la bondad de Dios nuestro Salvador, y su amor para con los hombres, ⁵

No por obras de justicia que nosotros habíamos hecho, mas por su misericordia nos salvó, por el lavacro de la regeneración, y de la renovación del Espíritu Santo; ⁶ El cual derramó en nosotros abundantemente por Jesucristo nuestro Salvador, ⁷ Para que, justificados por su gracia, seamos hechos herederos según la esperanza de la vida eterna. ⁸ Palabra fiel, y estas cosas quiero que afirmes [constantemente], para que los que creen a Dios procuren gobernarse en [mantener] buenas obras. Estas cosas son buenas y útiles a los hombres".

Pablo nos anima de nuevo a que procuremos gobernarnos, manteniendo buenas obras, no para que seamos salvos, sino porque son útiles para la recompensa.

Las buenas obras son "buenas y útiles", no son un requisito para la salvación.

Las buenas obras son "buenas y útiles", no son un requisito para la salvación.

### ¿Es posible que nuestras obras sean inútiles y que nuestra salvación esté asegurada?

1 Corintios 3:11-15 (RV) "[11] Porque nadie puede poner otro fundamento que el que está puesto, el cual es Jesucristo. [12] Y si alguno edificare sobre este fundamento oro, plata, piedras preciosas, madera, heno, hojarasca; [13] La obra de cada uno será manifestada: porque el día la declarará; porque por el fuego será manifestada; y la obra de cada uno cuál sea, el fuego hará la prueba. [14] Si permaneciere la obra de alguno que sobreedificó, recibirá recompensa. [15] Si la obra de alguno fuere quemada, será perdida: Él empero será salvo, mas así como por fuego".

Cinco puntos importantes de 1 Corintios 3:11-15:

1. Nadie puede poner el fundamento de la salvación, solamente Jesucristo.
2. Cualquiera puede edificar sobre el fundamento con obras preciosas o difíciles de hacer, o con obras inútiles, y todas éstas serán refinadas, quemadas y consumidas a fuego.
3. Nuestras obras son las que son probadas a fuego, mas no nuestra salvación.
4. Las obras que permanecen recibirán la recompensa.
5. Si nuestras obras no permanecen, tendremos pérdida de recompensa, mas no habrá pérdida de nuestra salvación.

### ¿Entonces por qué hacemos buenas obras?

2 Corintios 5:9-10 (RV) "[9] Por tanto procuramos también,

o ausentes, o presentes, serle agradables: [10] Porque es menester que todos nosotros [comparezcamos] ante el tribunal de Cristo, para que cada uno reciba según lo que hubiere hecho por medio del cuerpo, ora sea bueno o malo".

**No somos juzgados para salvación, somos juzgados por nuestras obras, para recibir la recompensa o para perderla.**

1 Corintios 5:11-13 (RV) "[11] Mas ahora os he escrito, que no os envolváis, es a saber, que si alguno llamándose hermano fuere fornicario, o avaro, o idólatra, o maldiciente, o borracho, o ladrón [extorsionista], con el tal ni aun comáis. [12] Porque ¿qué me va a mí en juzgar a los que están fuera? ¿No juzgáis vosotros a los que ¿están dentro? [13] Porque a los que están fuera, Dios juzgará: quitad pues a ese malo de entre vosotros.

**Punto #1:** ¿A quién se está refiriendo Pablo? A una persona salva; a un hermano en Cristo.

**Punto #2:** ¿Cuál es el mensaje? Si una persona que es salva peca en forma deliberada, es nuestra responsabilidad echarlo de entre nosotros para que Dios se encargue de él. No obstante, la persona no pierde su salvación. Sus obras le acarrean pérdida de rango y de recompensas en el reino de los cielos y de Dios, mas su salvación no sufre pérdida.

**Punto #3:** Recordemos que cuando Dios Padre Todopoderoso nos llamó a que viniéramos a Jesucristo, su Hijo (Juan 6:44), nos convertimos en niños recién nacidos en Cristo (1 Corintios 3:1-3). Si somos niños recién nacidos, entonces ¿qué clase de buenas obras pueden hacer unos niños recién nacidos? **Ninguna. No tienen capacidad para hacer buenas obras; y sin embargo, la fe que demuestran como niños puede servir de ejemplo de salvación a los demás.** Las buenas obras y una fe de niño ¡NO SON la misma cosa! Los niños recién nacidos en Cristo necesitan alimento constantemente (alimento espiritual; o sea, la Palabra de Dios), y ser nutridos por otros creyentes que están madurando. Son impotentes y pueden morirse de inanición espiritual si los dejamos hacer lo que quieran.

**Punto #4:** Si las buenas obras son un requisito de la salvación, ninguno podrá ir al cielo, porque ninguno será salvo. Veamos a los judíos como ejemplo: ellos no pudieron guardar la ley sin pecar, y nosotros tampoco podemos hacer buenas obras sin pecar.

La Biblia asevera que en esta carne no mora el bien (Romanos 7:18). ¿Cómo entonces podemos hacer buenas obras si el bien no mora en nosotros (en nuestra carne)? No podemos, porque siempre nos afecta la pecaminosidad, ya sea por obras, por pensamientos o por nuestras propias intenciones; y sería una abominación inaceptable a los ojos del Señor. Alabado sea Jesucristo por habernos librado de esta carga y de esta maldición.

**Punto #5:** Todos tenemos un llamado diferente (Efesios 4:11-13), y sin embargo todos tenemos un mismo propósito: edificar el cuerpo de nuestro Señor Jesucristo (1 Corintios 12). Todos son llamados por Dios, pero para diferentes ministerios (1 Corintios 7:17-24). Todos los creyentes éramos los "prometidos" de Jesucristo, y el que nos desposó con Él es Pablo (2 Corintios 11:2); este es nuestro premio (Filipenses 3:14), y sin embargo no todos los creyentes querrán casarse con Él.

**Punto #6:** El Espíritu Santo escudriña nuestros corazones y sabe si cada uno va responder, o no, a esa soberana vocación, o a cualquier otra. Muchos no van a responder, y al hacerlo, rechazarán a su Señor y Salvador. No importa cuál sea nuestro llamado, debemos responder con gratitud. (Colosenses 3:12-17) y con agradecimiento (1 Tesalonicenses 5:16-18).

**Conclusión: La buenas obras sin duda serán el resultado natural o la manifestación externa del proceder de un creyente que está madurando; sin embargo, no son un**

**requisito para la salvación. Sencillamente no nos dan un fundamento claro para determinar la salvación de una persona.**

Ahora veamos otros pasajes bíblicos que sostienen que la salvación es por gracia, únicamente, y por fe, únicamente, mas no por las buenas obras:

> Hebreos 7:24-25 (RV) "²⁴ Mas éste, por cuanto permanece para siempre, tiene un sacerdocio inmutable: ²⁵ Por lo cual puede también salvar **eternamente** a los que por Él (Jesucristo) se allegan a Dios, viviendo siempre para interceder por ellos (por los que vienen a Dios por medio de Jesucristo, después de ser salvos)".

A partir del momento más incipiente de nuestra salvación, Jesucristo intercede por nosotros cada vez que nuestra carne peca (Romanos 7). ¿Cómo es posible que podamos perder la salvación si Jesucristo intercede por nosotros después de ser salvos (Hebreos 7:24-25)?

¿Acaso su intercesión se detiene para aquellos que proceden indignamente? ¿Será que Jesucristo intercede por nosotros únicamente cuando nuestra fe alcanza algún nivel fantástico, que pueda considerarse una "fe salvadora", comparada con una fe "que no salva?". De ninguna manera. Las Escrituras dicen que Él es capaz de salvar **eternamente** a los que vienen a Él. Eso es, desde el momento en que creímos por primera vez con nuestros corazones y confesamos con nuestras bocas (Romanos 10:9-10, 13).

> 2 Timoteo 2:13 (RV) "Si fuéremos infieles (después de ser salvos), Él permanece fiel: no se puede negar a sí mismo".

Efesios 2:8-9 (RV) "Porque por gracia sois salvos por la fe; y esto no de vosotros, pues es don de Dios: [9] No por obras, para que nadie se gloríe.

Esta cita bíblica es muy clara. Si pudiéramos salvarnos por nuestras obras, el hombre se gloriaría en sí mismo.

Gálatas 2:16 (RV) "[16] Sabiendo que el hombre no es justificado por las obras de la ley, sino por la fe de Jesucristo, nosotros también hemos creído en Jesucristo, para que fuésemos justificados por la fe de Cristo, y no por las obras [o la maldición] de la ley; por cuanto por las obras de la ley ninguna carne será justificada.

Somos justificados por **la fe de Jesucristo.** Sin embargo, la medida de fe que Dios nos ha dado es suficiente para salvarnos; y eso que muchas veces no tenemos ni la fe de un grano de mostaza, según (Mateo 17:20). Al menos últimamente no he visto a cristianos que tengan una fe tan grande como para mover montañas, ¡ya sean de las espirituales o de las otras!

Romanos 10:4 (RV) "Porque el fin de la ley es Cristo, para justicia a todo aquel que cree".

Jesucristo le puso fin a la ley de las obras como requisito para la salvación. Ya no tenemos necesidad de establecer nuestra propia justicia. Jesús la estableció por nosotros.

**Verdades espirituales:**

**Nosotros no hacemos las buenas obras… ¡Dios Todopoderoso hace las buenas obras por medio de Jesucristo que mora en nosotros!**

**Nosotros no hacemos las buenas obras... ¡Dios Todopoderoso hace las buenas obras por medio de Jesucristo que mora en nosotros!**

**Nosotros no hacemos las buenas obras... ¡Dios Todopoderoso hace las buenas obras por medio de Jesucristo que mora en nosotros!**

**Nosotros no hacemos las buenas obras... ¡Dios Todopoderoso hace las buenas obras por medio de Jesucristo que mora en nosotros!**

**Nosotros no hacemos las buenas obras... ¡Dios Todopoderoso hace las buenas obras por medio de Jesucristo que mora en nosotros!**

**Nosotros no hacemos las buenas obras... ¡Dios Todopoderoso hace las buenas obras por medio de Jesucristo que mora en nosotros!**

Dios conoce nuestro corazón, mas los hombres juzgan las apariencias; por lo tanto, las buenas obras deben manifestarse en la conducta de un cristiano que está madurando, porque tienen que ver con el llamado a que den su testimonio, tanto a los no creyentes como a los creyentes (Mateo 28:19-20).

Nuevas preguntas que podemos examinar y estudiar:

1. ¿Qué sucede después de la salvación? ¿Qué nos espera?
2. ¿Qué hacemos después de ser salvos?
3. ¿Qué nos sucede en el momento en que somos salvos?
4. ¿Podemos o debemos compartir la fe que hemos encontrado con los demás?
5. ¿La esperanza suprema de la humanidad es la salvación, o existe algo más?

**Jesucristo nos invita a todos a que dejemos de nadar en las aguas tibias del compromiso, y que salgamos, que nos separemos, y que encontremos gozo en las Aguas Vivas de Jesucristo, ¡nuestro Gran Dios y nuestro Salvador!**

# Notas

1. Por todo el mundo, la versión de la Biblia—Rey Santiago, o King James, como se la denomina en inglés, tiene una relevancia central en muchos hogares cristianos, y es el fundamento para toda práctica y conducta. Define lo que es el matrimonio, guía la madurez y el crecimiento de nuestras familias y educa a cada uno de sus miembros. Para el estudiante serio de las Escrituras recomendamos únicamente la versión del Rey Santiago, con palabras claves en hebreo y griego, conocida como la *Hebrew-Greek Key Word Study Bible –King James Version* (publicada en 1991 por AMG International, Inc).

2. Al estudiar la Palabra de Dios, es importante que busquemos las definiciones de algunas palabras en hebreo o en griego. Como el Antiguo Testamento fue escrito originalmente en hebreo y el Nuevo Testamento en griego, es importante que consultemos el idioma original para alcanzar un mejor entendimiento del significado de cada palabra. La mejor herramienta que hemos encontrado para ayudarle a profundizar más en el estudio de las Escrituras es la *Concordancia Extensa Strong's, de la Biblia,* (publicada en 1990 por la Editorial Thomas Nelson). Es la opinión de este autor que las versiones más recientes de esta concordancia han sido diluidas y se han comprometido. Use precaución.

3. En los hogares que valoran la educación, el diccionario juega un papel importante en el crecimiento intelectual de la familia. Pregúntese si su diccionario es un complemento al estudio bíblico que hace su familia o si introduce valores conflictivos y una cosmovisión pagana. Recomendamos que use el *Diccionario Americano del idioma Inglés*, publicado originalmente por Noah Webster en 1828, y más recientemente por la *Fundación para la Enseñanza Cristiana Americana*).

**4.** Hemos citado definiciones para ciertas palabras usando el *Diccionario Ilustrado de la Biblia, Nelson*, (publicado en 1986 por la Editorial Thomas Nelson).

**5.** Para alcanzar un mayor entendimiento de las diferencias que existen entre el cristianismo y otras 20 ideologías, por favor busque una copia del libro *So What's the Difference*, (*¿Entonces cuál es la diferencia?*) de Fritz Ridenour, (publicado en 2001 por Regal Books).

**6.** Para obtener una documentación más extensa sobre el mensaje, los personajes y los manuscritos que están precipitando a la humanidad hacia la religión mundial del anticristo, lectura obligada es: *New Age Bible Versions (Versiones bíblicas de la Nueva Era)*.

Impreso en Estados Unidos